✔ Monate mit starkem Angebot // ✘ Monate mit geringem Angebo

Jun	Jul	Aug	Sep	Okt	Nov	Dez
		✘	✔	✔	✔	✔
✘	✔	✔	✘			
		✘	✔	✔	✔	✔
	✘	✔	✔			
			✔	✔		
✔	✔	✘				
	✔	✔	✘			
			✔	✔		
✘	✔	✔	✘			
✔	✔	✘				
	✔	✔	✘			
	✘	✔	✔	✘		
			✔	✘		
				✔	✘	
✘						
					✔	
	✔	✘				
		✘	✔	✔	✘	

Jun	Jul	Aug	Sep	Okt	Nov	Dez
✘	✔	✔	✔	✔	✘	
	✔	✔	✔			
✔	✘					
	✘	✔	✔	✘		
✔	✔	✔				
	✘	✘	✔	✔	✘	
				✘	✔	✔
	✔	✔	✔	✘		
✔	✔	✔	✘			
✘	✘	✔	✔	✔	✘	
	✔	✔	✔	✔	✔	✔
✘	✘	✔	✔	✔	✔	✔
		✔	✔	✔	✘	

Maren Bustorf-Hirsch

Obst & Gemüse
natürlich haltbar machen

Einlegen, einkochen,
trocknen, entsaften, gären,
kühlen und lagern

Bassermann

Inhalt

8 Vorwort

Methoden der Konservierung

12 Lagern
36 Trocknen
58 Milchsäuregärung
72 Einlegen
90 Entsaften
104 Pasteurisieren, Sterilisieren, Einmachen
124 Tiefkühlen

Erntekalender

im Buchumschlag vorne Obst und Gemüse
im Buchumschlag hinten Gemüse und Blattsalate

Welche Konservierungsmethode passt am besten?

128 Obst
128 Wildfrüchte
130 Gemüse
134 Gartenkräuter
136 Wildkräuter

136 Bezugsquellen
137 Register
140 Impressum

Warum Konservieren? Ein Vorwort

Vorratshaltung war lebenswichtig

Das ganze Jahr über versorgen uns Lebensmittelgeschäfte und Märkte mit reichlich frischem Obst und Gemüse vom Freiland, aus Treibhäusern und aus Übersee. Sollte einmal etwas nicht vorhanden sein, so können wir nach Herzenslust tiefgekühltes, eingelegtes und konserviertes Obst und Gemüse kaufen. Eine Konservierung im Haushalt ist also eigentlich nicht nötig. Oft ist sie bei kleinen Wohnungen mit unzureichenden Lagermöglichkeiten auch gar nicht möglich. Lohnt sie sich überhaupt?

Heute können wir uns kaum noch vorstellen, dass in früheren Zeiten in unseren Breiten nur eine gute Vorratshaltung das Überleben sicherte. Allein mit den Ernteüberschüssen des Sommers und Herbstes, die auf natürliche Weise konserviert wurden, musste die Vegetationspause im Winter überbrückt werden, ganz ohne Importe, Gewächshauskulturen und die vielen technischen und chemischen Hilfsmittel der Industrie.

Unbestritten ist, dass eine solche Ernährungsweise weitaus mehr als die heute übliche Zivilisationskost den Forderungen entspricht, die an eine gesunde Ernährung gestellt werden. Die enorme Zunahme von Zivilisationskrankheiten und die vielen Meldungen über Schadstoffe jeder Art in unserer Nahrung sind nicht zuletzt auch ein Zeichen dafür, dass die Qualität unserer Lebensmittel heutzutage zu wünschen übrig lässt.

Wann sind Lebensmittel frisch?

Eine Schlüsselrolle für die Nahrungsqualität spielen – sowohl vom Geschmack als auch vom gesundheitlichen Standpunkt aus betrachtet – die Frische und die Naturbelassenheit der Lebensmittel.

Ein Salat schmeckt besser, je frischer er ist. Erdbeeren schmecken am besten, wenn sie frisch gepflückt und dabei voll ausgereift sind, und nicht, wenn sie, unreif geerntet, einige hundert Kilometer Transportweg hinter sich haben und auch noch lange gelagert wurden. Dabei schwindet nicht nur der Geschmack, sondern auch der gesundheitliche Wert, weil viele Vitamine und andere wertvolle Inhaltsstoffe verloren gehen.

„Frisch" sind Obst und Gemüse strenggenommen nur bis zum Erntezeitpunkt. Danach unterliegen sie Abbauprozessen, die schließlich zum Verderben führen. Die Zeitspanne ist dabei von Obst zu Obst und von Gemüse zu Gemüse unterschiedlich lang und außerdem abhängig von Wärme, Licht, Sauerstoff und Feuchtigkeit der Umgebung sowie von zahlreichen Enzymen, Bakterien und Pilzen. Das Ziel des Haltbarmachens ist es daher, diese Abbauprozesse soweit wie möglich hinauszuzögern, die Frische zu erhalten, denn letztendlich bedeutet „konservieren" ja nichts anderes als „das Ursprüngliche bewahren".

Saisonal denken und handeln

Wenn wir also sowohl für unseren Geschmack als auch für unsere Gesundheit alles so natürlich wie möglich belassen wollen, wäre die beste Vorratshaltung sicherlich diejenige, bei der nichts konserviert werden müsste. Dies ist nur ein scheinbarer Widerspruch und bedeutet im Grunde genommen nichts anderes, als dass wir im Winter zum Beispiel bei der Zusammenstellung unserer Mahlzeiten Gemüsesorten, die einige Frostgrade vertragen (Chinakohl, Endivien, Brokkoli usw.), und winterhartes Freilandgemüse sowie Salate (Rosenkohl, Grünkohl, Lauch, Feldsalat, Portulak usw.) bevorzugen sollten. Auf der Fensterbank könnte man zusätzlich einige frische Kräuter ziehen und durch das Herstellen von Sprossen, Keime und Microgrün selber schmackhafte Frischkost ernten.

So kann ein gut angelegter Naturgarten aussehen. In Mischkulturen stärken die Pflanzen sich gegenseitig.

Konservieren bedeutet Veränderung

Unter den Konservierungsarten ergibt sich sehr schnell eine Rangfolge, wenn die Nahrung möglichst naturbelassen bleiben soll.

AUS MEINER PRAXIS

Aus eigener Erfahrung kann ich bestätigen, dass man sich und seine Familie sehr gut nach den oben erwähnten Grundsätzen ernähren kann. Wir versorgen uns seit vielen Jahren selbst mit Obst, Gemüse und Kartoffeln, und zwar auch im Winter. Das klappte so nicht auf Anhieb, vieles musste ausprobiert und geschmacklich entwickelt werden. Auch ich kaufe noch ab und zu Bananen, Orangen, Aprikosen usw. (nie jedoch Gläser, Dosen oder Fertigprodukte), muss allerdings sagen, dass es immer weniger wird. Durch unsere eigenen Früchte sind wir sehr verwöhnt, denn der natürliche Geschmack und die Frische sind unübertroffen.

Größtmögliche Schonung

- Die Konservierungsmethoden, die Obst und Gemüse wenig verändern, sind die Lagerung im kühlen Keller. Und die Tiefkühlung.
- Das Trocknen von Früchten, Gemüse und Kräutern entzieht ihnen in erster Linie Wasser, schädigt ihre wertvollen Inhaltsstoffe durch die niedrigen Temperaturen aber am geringsten.
- Auch bei der Milchsäuregärung (dem Fermentieren) bleibt das Gemüse »frisch«, es findet in gewissem Sinne sogar eine Veredelung statt, weil sich zusätzlich Vitamine und Enzyme bilden.

Weniger schonende Verfahren

- Durch alle anderen Konservierungsarten erleiden Obst und Gemüse mehr oder weniger starke Einbußen an Vitaminen, Mineralstoffen, Enzymen, Geschmacks- und Aromastoffen und entfernen sich damit schon sehr von ihrem ursprünglichen Zustand.
- Alle industriellen Konservierungsmethoden stehen an letzter Stelle: Meist werden bei diesen Verfahren mehrere Konservierungsarten parallel angewandt und chemische Konservierungsstoffe oder sonstige Hilfsmittel verwendet, um die Haltbarkeit der einzelnen Nahrungsmittel für sehr lange Zeit zu garantieren.

Welche Konservierungsmethode passt?

Aber selbst wenn man alle Konservierungsarten berücksichtigt, muss man zugeben, dass es für die Vorratshaltung kein Patentrezept gibt. Es gibt nicht die ideale Konservierungsmethode: eine Erdbeere muss anders behandelt werden als ein Apfel, ein Weißkohl anders als Spinat. Hinzu kommt noch, dass der eine für selbst hergestellte Mixed Pickles schwärmt und die andere meint, ohne Marmelade nicht leben zu können. So habe ich versucht, sowohl den verschiedenen Früchten und Gemüsearten als auch den verschiedenen Geschmäckern gerecht zu werden.

Essen im Einklang mit der Natur

Nun muss und kann aber nicht jeder zum Selbstversorger werden. Auch wer keinen Garten besitzt, hat unter Umständen die Möglichkeit, günstig erntefrisches Obst und Gemüse bei einem Biobauern in größeren Mengen zu kaufen und zu konservieren. Auch wer den industriellen Einheitsgeschmack leid ist und die Zutaten für seine Vorräte selber aussuchen und zusammenstellen will, kann nach den Rezepten in diesem Buch natürlich konservieren.

Alle, die mehr im Einklang mit der Natur und den Jahreszeiten leben möchten, weil sie unter anderem die hohen Energiekosten und den CO2-Ausstoß für Herstellung, Transport und Lagerung von Gewächshauskulturen und Importwaren und die damit verbundenen Nachteile umgehen wollen, finden viele Anregungen.

Letztendlich können wir unsere Ernährung nur in Zusammenhang mit der gesamten ökologischen Situation sehen, das heißt, dass wir schonend mit unserer Umwelt umgehen, nicht durch chemische Dünger und Pflanzenschutzmittel die Böden auslaugen und das biologische Gleichgewicht stören, gleichzeitig so wenig Energie wie möglich verbrauchen – auch beim Konservieren und bei der späteren Lagerung.

Konkret heißt das: Wenn wir unsere einheimischen Äpfel so lagern können, dass sie bis ins nächste Frühjahr hinein haltbar sind, ist es unsinnig, im Februar Äpfel aus Südamerika zu essen. Oder wenn man eine Apfelsorte lagern kann, braucht man diese Äpfel nicht zu Apfelkompott zu verarbeiten. Aus einer nicht lagerfähigen Apfelsorte macht man besser getrocknete Apfelschnitze als eingemachtes Apfelkompott. Und wenn es durch geschickte Aussaaten möglich ist, Spinat vom zeitigen Frühjahr bis in den Herbst hinein direkt aus dem Freiland zu ernten, dann ist es doch eigentlich überflüssig, ihn einzufrieren. Oder muss man unbedingt im Dezember noch Spinat essen?

Die Beispiele ließen sich beliebig fortsetzen. Das war der Anlass für mich, Ihnen die folgenden Konservierungsarten, auf ihre gesundheitlichen und ökologischen Vor- und Nachteile hin untersucht, vorzustellen. Gleichzeitig liefere ich Ihnen Tipps, Tricks und Rezepte, die Ihnen das Haltbarmachen im eigenen Haushalt so einfach und sicher machen, dass Sie Freude daran haben und dass es allen schmeckt.

Viel Spaß dabei und gutes Gelingen wünscht Ihnen Ihre

Ihre Maren Bustorf-Hirsch

LAGERN

GESCHMACK, STRUKTUR UND INHALTSSTOFFE ERHALTEN

Für eine gesunde, vollwertige Ernährung ist es am besten, die Lebensmittel so aufzubewahren, dass ihr Zustand beim Zeitpunkt der Ernte möglichst lange erhalten bleibt. Denn jede Be- und Verarbeitung sowie jede Konservierung bedeuten einen Eingriff in die natürliche Beschaffenheit und gehen meist Hand in Hand mit einer Wertminderung, das heißt, es treten in erster Linie Einbußen bei den Vitaminen, aber auch bei den Hauptnährstoffen und anderen wertvollen Inhaltsstoffen auf.

Einige Obst- und Gemüsearten sowie die Samen der Früchte verderben unter bestimmten Bedingungen nicht so schnell. Je nach Sorte, Lagerbedingungen und Art können Obst und Gemüse so – ohne dass man sie konservieren muss – einige Wochen, Monate oder sogar Jahre aufbewahrt werden. Dabei müssen – je nach Eigenschaften der Lagerware – die unterschiedlichen Bedingungen an den Lagerraum beachtet werden.

Lagerung im Haus

Der trockene, luftige Lagerraum

Samen sind wohl die Pflanzenteile, die am längsten ohne eine Konservierung haltbar sind. Oft sind sie auch noch nach Jahren keimfähig, sie enthalten also noch alle ihre wichtigen Nährstoffe und Vitamine, allerdings nur, wenn sie richtig gelagert wurden. Wegen ihres sehr niedrigen Wassergehalts mögen sie keine Feuchtigkeit, insbesondere nicht in Verbindung mit Wärme. Für die Lagerung benötigen sie deshalb einen trockenen, luftigen, nicht zu kalten Raum, etwa einen Speicher, eine Diele oder ein Zimmer mit diesen Bedingungen.

Nicht umsonst bilden die natürlich konservierten Getreidesamen schon seit vielen Jahrhunderten den Hauptbestandteil der menschlichen Ernährung. Weitere essbare und lange haltbare Samenfrüchte sind **Nüsse**, **Ölfrüchte** (z. B. Kürbis- und Sonnenblumenkerne) und **Hülsenfrüchte** (Erbsen, Bohnen, Linsen). Einige Samen, zum Beispiel von Kresse, Rettich und Radieschen, Rucola, Fenchel und Brokkoli, eignen sich sowohl für die Sprossen- als auch für die Grünkrautzucht.

Keller: dunkel, kühl und nicht zu trocken

Alle **Wurzelgemüse** (zum Beispiel Karotten, Knollensellerie, rote Bete, Pastinaken, Petersilienwurzeln) und **Kartoffeln** lassen sich sehr gut aufbewahren. Sie finden natürlicherweise im Erdreich feuchte, kühle und dunkle Gegebenheiten vor und verderben auch dann nicht, wenn ihre oberirdischen Pflanzenteile schon längst abgestorben sind. Aus diesem Grunde ist ein Keller der ideale Lagerraum, wenn er möglichst dunkel, nicht zu warm und nicht zu trocken ist. In einem solchen Keller halten sich auch **Kernobst** (zum Beispiel Apfel, Birne, Quitte), **Kürbisse** und **Zucchini**, die durch ihre feste Schale einen natürlichen Verdunstungsschutz haben, und manche **Blattgemüse** (Endivien, Fenchel).

Keime und Sprossen sind nicht nur leicht auf der Fensterbank zu ziehen, sondern auch eine gesunde, vitalstoffreiche Zusatznahrung.

> **MEIN TIPP**
> Moderne Kellerräume sind oft zu warm für die Lagerung von frischem Obst und Gemüse. Sie eignen sich jedoch für die Lagerung von Eingemachtem, Rumtopf und selbst angesetztem Sauerkraut, siehe auch Seite 68.

ZWEI KELLERRÄUME ODER VIEL ABSTAND

Da sich Obst und Gemüse bei einem gemeinsamen Aufbewahren gegenseitig ungünstig beeinflussen können, wäre es optimal, wenn man verschiedene Kellerräume hätte: einen für Wurzelgemüse und Kartoffeln und einen für Kernobst. Da aber in den meisten Häusern nur ein Kellerraum zur Verfügung steht, kann es sein, dass nicht jedes Obst und Gemüse die längst mögliche Lagerzeit erreicht. Viel Abstand zwischen Obst und Gemüse ist da eine einfache Hilfe, ebenso Abdeckung mit Folie und Verpackung in Kartons (siehe Seite 18).

LICHTEINFALL

Ein Keller liegt normalerweise zu zwei Dritteln seiner Raumhöhe (oder auch tiefer) im Erdreich. Auch seine Fenster ragen nicht weit aus der Erde hervor, so dass wenig Sonnenlicht einfallen kann. Befindet er sich sogar an der Nordseite des Hauses, so ist er fast immer optimal dämmrig. Ist dies nicht der Fall, kann man durch geeignete Pflanzen, die vor den Kellerfenstern wachsen, eine zusätzliche Beschattung erreichen.

TEMPERATUR

Seine ideale Raumtemperatur liegt zwischen 4 und 6 °C, dabei stören Schwankungen zwischen 2 und 10 °C nicht. Frost und höhere Temperaturen sollte der Keller allerdings nicht bekommen, die Lagerqualität würde dadurch entscheidend beeinträchtigt. Gegen angrenzende wärmere Räume sollte ein Kellerlager mit Naturmaterialien, z. B. Kork, isoliert werden. Bei modernen Häusern darauf achten, dass der Heizungskeller möglichst weit vom Lagerraum entfernt liegt.

Kellerraum mit schützenden Aufbewahrungsgefäßen, mäusesicherem Fenster und einem Hygrometer

LÜFTUNG

Zwar sollte der Keller gut zu lüften sein, Zugluft ist dabei allerdings unerwünscht. Insofern genügen Kippfenster oder Lüftungsklappen. Hierbei sollte man gleich auch an Mäuse denken, für die ein Lagerkeller ein Schlaraffenland ist. Ein engmaschiger Draht vor den Fenstern bietet einen ausreichenden Mäuseschutz.

FEUCHTIGKEIT

Für die Lagerqualität Ihres Obstes und Gemüses ist das Raumklima noch wichtiger als die Temperatur. Dieses wird entscheidend vom Feuchtigkeitsgehalt der Luft bestimmt. Ein Keller mit einem Naturboden aus gestampfter Erde, Lehm oder Ziegeln ist ideal. Diese Naturböden geben ständig Feuchtigkeit an die Luft ab, wenn es wärmer wird mehr, bei Kälte weniger, so dass die Verdunstungskälte ausgleichend wirkt. Die ideale Luftfeuchtigkeit beträgt etwa gut 90 Prozent, sie sollte 80 Prozent nicht unterschreiten.

WENN DER KELLER ZU TROCKEN IST

- welkt Blattgemüse
- werden Obst, Kartoffeln und Wurzelgemüse weich und schrumpeln ein

ABHILFE SCHAFFEN

Keller mit Betonböden haben meistens eine zu geringe Luftfeuchtigkeit. Ein Hygrometer gibt genaue Auskunft. Abhilfe kann man zum Beispiel dadurch schaffen,

- dass man einen Teil des Betonbodens aufbricht
- oder den Boden mit Ziegeln auslegt
- oder in einer Kellerecke Sand aufschichtet.

Beides, Sand und Ziegel, werden von Zeit zu Zeit mit einer Gießkanne etwas befeuchtet. Sie geben diese Feuchtigkeit dann langsam an den Raum wieder ab, so dass sich die relative Luftfeuchtigkeit im Raum erhöht.

Der Wurzelkeller sollte kühl und dunkel sein. Möhren halten sich am besten in Sand.

UNSER LAGERKELLER (SIEHE SEITE 12)

Wie viele andere, so bringen auch wir unsere Vorräte in nur einem einzigen Keller ganz gut durch den Winter und können Obst und Gemüse bis ins Frühjahr hinein aufbewahren. Mit Abstand, Schutzfolie und Kartons gelingt es uns, Wurzelgemüse und Obst in einem Kellerraum aufzubewahren. Meist ist dann auch noch genügend Platz für Kohl und in Sand eingeschlagenes Blattgemüse sowie für Gärtöpfe, Eingelegtes und Säfte.

LAGERUNG VON WURZELGEMÜSE

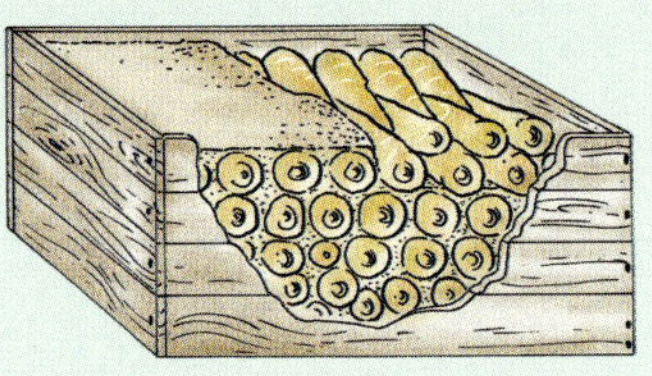

Trotz eines Naturbodens schichten wir unsere Wurzelgemüse nicht einfach auf den Boden, sondern lagern sie mit Sand in Holzkisten (eine andere Möglichkeit wären auch Steinguttöpfe (nie Plastikgefäße). Für die Lagerung bedecken wir den Boden der Kiste mit einer leicht feuchten Sandschicht und legen das Wurzelgemüse einzeln nebeneinander darauf. Diese Gemüseschicht wird mit Sand abgedeckt, die nächste Schicht wird daraufgelegt, wieder mit Sand abgedeckt und so weiter. Dabei wird für jedes Wurzelgemüse eine eigene Kiste angelegt. Die Kisten werden beschriftet, so dass man ohne langes Suchen das Gewünschte jederzeit aus der Kiste holen kann. Wenn man ab und zu die oberste Sandschicht leicht befeuchtet, hält sich das Wurzelgemüse auch in einem nicht ganz idealen Keller bis in das nächste Frühjahr hinein. Wir haben bei uns im Keller zusätzlich einige leere Kisten stehen, in die wir den Sand schaufeln, der beim Ausgraben des Wurzelgemüses anfällt. Diese Methode hat sich bewährt, denn so ist stets nur so viel Sand in den Kisten, wie zum Bedecken des Vorrats gebraucht wird.

UNSERE KARTOFFELKISTE

Unsere Kartoffeln in der Kartoffelkiste schirmen wir durch eine Plastikfolie von den (zwar weit entfernt, aber dennoch im selben Raum lagernden) Äpfeln und Birnen ab. Zusätzlich dient die Folie als Verdunstungsschutz.

KERNOBST: APFEL, BIRNE, QUITTE

Ein großer Teil des Kernobstes lagert – auf der anderen Seite des Kellers – auf Apfelhorden. Nur die Sorten, die bis in das nächste Frühjahr hinein haltbar sind, verpacken wir in Kartons (siehe Seite 32).

Lagermöglichkeiten außerhalb des Hauses

Die Erdmiete

Frostfreiheit erreicht man auch in einer Grube. Sie kann ihren Platz im Prinzip überall auf Ihrem Grundstück finden. Es ist jedoch zweckmäßig, für eine Überdachung zu sorgen, damit man auch bei viel Schnee an die Grube herankommen kann. Die Größe der Grube richtet sich nach Ihren Vorräten.
Um Frostfreiheit zu erreichen, sollte sie mindestens 80 cm tief sein. Ihr Boden wird festgestampft und als Schutz gegen Mäuse mit einem Maschendraht ausgelegt. Damit die senkrechten Wände nicht mit der Zeit abbröckeln, werden sie mit Brettern oder Steinen befestigt. In diese Erdgrube stellt man dann die Kisten mit dem Erntegut hinein und isoliert sie mit einer dicken Lage Stroh.

Der Deckel besteht z. B. aus Holzbrettern, die leicht schräg angebracht sind, damit Regen und Schmelzwasser nicht in die Grube laufen können. Zweckmäßigerweise wird der Deckel noch

Beispiel einer Erdmiete im Querschnitt

mit wasserundurchlässigem Papier, wie es auch zum Dachdecken verwendet wird, abgedeckt. Dachpappe sollte man wegen ihres hohen Bitumengehaltes besser nicht verwenden (Bitumen gehört zu den krebserregenden Stoffen und stellt damit ein gesundheitliches Risiko dar). Als weiteren Schutz gegen Kälte kann man auf den Deckel noch eine etwa 20 cm dicke Strohschicht geben.

Die Grube sollte bei Frost nicht geöffnet werden, an frostfreien Tagen kann man sie gelegentlich lüften. In einer solchen Erdgrube bleibt das eingelagerte Obst und Gemüse frisch bis in das nächste Frühjahr hinein, weil dort sehr gleichmäßige Temperaturen und Feuchtigkeitsverhältnisse herrschen.

Frühbeet

Wer keinen geeigneten Keller oder geeignete Nebenräume besitzt, kann einen Teil seiner Vorräte auch in einem Frühbeet überwintern. Hier können z. B. Möhren, Pastinaken, Sellerie, Fenchelknollen, Endivien und Zuckerhut eingeschlagen werden. Dabei sollte man aber zum Schutz gegen Mäuse das Frühbeet mit einem engmaschigen Drahtgeflecht ausschlagen. Um einigermaßen gleichbleibende Temperaturen zu gewährleisten, wird das Frühbeet gegen Sonneneinstrahlung und gegen Frost mit Strohmatten oder einer dicken Schicht Tannenreisig isoliert. Zweckmäßig ist es, das Frühbeet an frostfreien Tagen ab und zu zu lüften.

Geschützter Platz

Damit man winterhartes Gemüse wie Lauch, Grünkohl und Rosenkohl auch bei starkem Frost und hohem Schnee ernten kann, gräbt man es mit den Wurzeln aus und stellt es mitsamt der anhaftenden Erde an eine schneegeschützte Hauswand, z. B. auch in einen mit Erde gefüllten Kasten. Mit einem Maschendraht schützt man es vor Mäusen, Kaninchen und anderen gefräßigen Nagern. Bei frostfreiem Wetter sollte man den Wurzelbereich der Pflanzen ab und zu gießen.

Geschützte Lagerung in einer Kiste und an der Hauswand.

WAS TUT MAN OHNE GARTEN UND LAGERRÄUME?

Alle diejenigen, die keinen eigenen Garten und auch keine geeigneten Lagermöglichkeiten besitzen, um in größeren Mengen Wurzelgemüse, Kartoffeln und Äpfel bei einem Bauern einzukaufen und dann bei sich zu lagern, erhalten in der kalten Jahreszeit Wintergemüse und Lagerobst in Naturkostläden, auf Wochenmärkten, durch den Bezug einer Frischekiste, als Mitglied in einer solidarischen Landwirtschaft oder direkt bei einem Bauern in unmittelbarer Nähe. Man sollte dieses auf jeden Fall den Import- und Gewächshauswaren vorziehen und so oft wie möglich essen. Ein Wochenbedarf lässt sich dabei gut in unterteilten Steinguttöpfen lagern, die für das richtige Klima sorgen.

Das Bild zeigt den Lagertopf der Firma Denk.

Nebengebäude

Ohne Zweifel ist ein Keller der bequemste Aufbewahrungsort. Er ist frostfrei, man braucht sich nicht um Schnee und schlechtes Wetter zu kümmern und kann jederzeit den nötigen Bedarf holen. Wer aber einen zu warmen Keller hat, kann Wurzelgemüse, Kartoffeln und Obst in einem ausgebauten Dachraum, in einer leer stehenden Garage oder in sonstigen Nebengebäuden lagern.

Damit alles Eingelagerte auch da möglichst dunkel und ausreichend feucht steht, wird es am besten in Behältern und Gefäßen aufbewahrt. Bei einer solchen Lagerung ist allerdings die ständige Kontrolle der Raumtemperatur unbedingt nötig, damit Obst und Gemüse keinen Schaden erleiden. Ab Temperaturen um plus 2 °C sollten Sie den Raum oder die einzelnen Behälter mit Stroh, dicken Lagen Zeitungspapier oder anderen Isoliermaterialien schützen. In Extremfällen müssen die Gefäße ins Haus genommen werden.

Wie lagert man was?

Hier erfahren Sie, wie Sie die einzelnen Obst- und Gemüsesorten, Nüsse und Getreide am besten lagern sollten, damit sich diese möglichst lange halten und Sie sich im Winter aus eigenen Vorräten versorgen können. Übrigens müssen nicht alle Ihre Vorräte im Keller oder luftigen Lagerraum ruhen; winterhartes Gemüse können Sie auch bei Frost und Schnee ernten.

Gemüse

Blumenkohl verbraucht man am besten gleich frisch vom Beet. Möchte man ihn eine Zeitlang aufbewahren, gräbt man ihn am besten mit den Wurzeln aus, pflanzt ihn im Keller in Sand ein und gießt ihn ab und zu.

Brokkoli verträgt gut einige Frostgrade, so dass man ihn am besten im Garten belässt. Auf diese Weise kann man noch bis Ende November kleine Röschen ernten.

In einem dunklen Raum – oder abgedeckt mit einem Tuch – können die Chicoréewurzeln bei einer Temperatur von 12–15 °C zum Treiben gebracht werden.

Chicoréepflanzen werden je nach Gegend vor den ersten großen Frösten im Oktober oder November ausgegraben. Ihre Blätter werden dann etwa 3 cm über dem Wurzelansatz abgeschnitten und die Wurzeln wie alles Wurzelgemüse am besten in leicht feuchtem Sand eingelagert. Ganz nach Bedarf holt man sie im Winter heraus und bringt sie zum Treiben: Der Einfachheit halber verwende ich eine Sorte, die ohne Deckerde treibt. Ich fülle einen 10-Liter-Eimer zu zwei Dritteln mit Sand oder einem Gemisch aus Erde und Sägemehl und pflanze dort dicht nebeneinander 6 bis 8 Chicoreewurzeln ein. Der Eimer wird mit Packpapier so abgedeckt, dass kein Licht eindringen kann, und anschließend in einen Raum mit 12 bis 15 °C Raumtemperatur gestellt. Wenn man die Wurzeln regelmäßig gießt, wachsen in 4 bis 6 Wochen die »bleichen« Chicoréestauden heraus. Sie werden vorsichtig etwa 2 cm über dem Wurzelansatz abgeschnitten und wachsen meist ein zweites Mal nach.
Wer will, kann die Wurzeln auch einzeln oder zu zweit in Blumentöpfe pflanzen und für den Bleichvorgang einen zweiten Blumentopf darüberstülpen.
Auf diese Weise hat man dann bei geschickter Planung den ganzen Winter über frische Chicoréestauden, die Sie in der Küche vielseitig verwenden können.

Chinakohl kann bis minus 5 °C im Freiland bleiben. Dabei kann man ihn auch noch eine Zeitlang vor eventuellen stärkeren Frösten durch einen Folientunnel oder eine Strohschicht schützen.

Danach gräbt man ihn mit den Wurzeln aus, entfernt die äußeren Blätter, bindet die inneren zusammen und schlägt den Chinakohl dicht nebeneinander in feuchtem Sand oder Erde im Keller ein. Als Schutz vor Verdunstung kann dabei jeder Kopf einzeln in Zeitungspapier eingewickelt werden. Bei Temperaturen um 6 °C ist er so mindestens 6 Wochen haltbar.

Die **Winterendivie** übersteht ohne Schwierigkeiten Fröste bis minus 5 °C, so dass man sie möglichst lange im Garten belassen sollte. Auch der Winterendiviensalat lässt sich dann noch eine Zeitlang durch Folie oder Stroh vor stärkeren Frösten schützen. Allerdings muss er an frostfreien Tagen stets gut gelüftet werden, weil er sonst anfängt zu faulen. Meist gräbt man dann im Dezember die letzten Köpfe vorsichtig mit den Wurzeln aus und schlägt sie – unter Umständen in Zeitungspapier eingehüllt – im Keller in feuchtem Sand oder Erde dicht nebeneinander ein.

Feldsalat bleibt stets draußen im Garten. Er kann bei schneefreiem Wetter – je nach Aussaattermin – von Oktober bis in den April hinein stets frisch geerntet werden. Es empfiehlt sich, einen Teil auch unter Folie, im Frühbeet oder im Gewächshaus auszusäen, damit auch bei Schnee geerntet werden kann.

Der **Gemüsefenchel** übersteht leicht Fröste, so dass er bis in den November hinein noch direkt vom Freiland geerntet werden kann. Dabei wird er eventuell durch eine lockere Schicht Laub geschützt.
Bei stärkerer Frostgefahr gräbt man die Knollen aus, schneidet die Wurzeln ab, stutzt die Blätter und Stiele und gräbt den Fenchel in feuchtem Sand aufrecht stehend ein. So hält er einige Wochen.

Grünkohl ist ein winterhartes Gemüse; seinen unverwechselbaren Geschmack erhält er erst nach dem ersten richtigen Frost, so dass man ihn auf keinen Fall früher ernten sollte. Er kann problemlos den ganzen Winter über im Garten stehenbleiben und jederzeit geerntet werden. Dabei sollte man ihn allerdings nicht abdecken, weil er sonst vergilbt. Selbst eine hohe Schneedecke schadet ihm nichts. Wenn im beginnenden Frühjahr die stark wechselnden großen Temperaturschwankungen einsetzen, sollte er allerdings geerntet werden.
In Gegenden mit sehr viel Schnee kann man den Grünkohl auch mit den Wurzeln ausgraben und mitsamt der anhaftenden Erde an eine schneegeschützte Hauswand oder in das Frühbeet stellen. So ist er immer erntebereit, sollte allerdings in der frostfreien Zeit ab und zu gegossen werden.

Kartoffeln: Die späten lagerfähigen Kartoffelsorten halten sich bei sachgemäßer Lagerung bis in das nächste Frühjahr hinein, ohne dabei etwas von ihrem Geschmack und von ihrem gesundheitlichen Wert einzubüßen. Es versteht sich von selbst, dass für die Lagerung nur einwandfreie gesunde Knollen verwendet werden, die man am besten getrennt nach Sorten aufbewahrt. Alle Kartoffeln, die auf irgendeine Weise beschädigt sind, werden gesondert gelegt und möglichst bald verbraucht. Außerdem sollten die Kartoffeln trocken sein und nicht gewaschen werden, bevor sie in den Keller kommen.

Für ihre Lagerung bevorzugen sie einen dunklen, nicht zu trockenen Kellerraum mit einer Temperatur von 4 bis 7 °C. Kartoffeln sind sehr frostempfindlich, bei Temperaturen um 0 °C wandelt sich die enthaltene Stärke in Zucker um, sie schmecken dann süßlich. Unter starkem Lichteinfluss verfärben sich die Knollen grün und bilden dabei das giftige Solanin. Schneiden Sie deshalb grüne Stellen bei Kartoffeln immer großzügig weg. Damit die Kartoffeln nicht schrumpeln und möglichst spät anfangen zu keimen (dabei büßen sie viel von ihrem Vitamin-C-Gehalt ein), kann man folgendes tun:

- Es wird empfohlen, Kartoffeln nicht zusammen mit Äpfeln und anderem Kernobst in einem Keller zu lagern. Äpfel »atmen« bei ihrer Lagerung Reifegase und Kohlendioxid aus; ein hoher Kohlendioxidgehalt in der Luft begünstigt aber den Keimprozess bei Kartoffeln. (Welche Maßnahmen man bei nur einem Kellerraum ergreifen kann, ist auf Seite 18 beschrieben.)
- Auch die Kartoffel selbst produziert in der ersten Zeit ihrer Lagerung sehr viel Kohlendioxid, viermal so viel wie später. Ein häufiges Lüften des Kellers zu Beginn der Lagerzeit wirkt sich daher günstig aus.
- Da Kohlensäure schwerer als Luft ist, konzentriert sie sich besonders in Bodennähe. Aus diesem Grunde werden Kartoffeln auch nie direkt auf dem Boden aufbewahrt, sondern in speziellen Kartoffelkisten oder drehbaren Kartoffeltrommeln. Beide sind luftdurchlässig. Bei der Kartoffelkiste ist der Boden schräg angebracht und bildet eine vorn herausstehende Lade. Dadurch kann man stets Kartoffeln entnehmen, denn das Füllgut rutscht immer von oben nach und wird so gleichzeitig auch bewegt. Die Kartoffeltrommel dreht man am besten vor jeder Entnahme, so dass die Kartoffeln sich noch mehr bewegen als in der Kartoffelkiste, ein stärkerer Luftaustausch stattfindet und die Kartoffeln nur schwer Keime ausbilden können.
- Bei zu geringer Luftfeuchtigkeit im Keller kann man das Kartoffellager mit einer Plastikplane abdecken oder die Knollen schichtweise in leicht (!) befeuchtetes Stroh oder Laub legen.

Eine Kartoffelkiste können Sie auch einfach selber bauen. Der Boden der Einlagerungskiste muss schräg sein, damit die Kartoffeln jeweils nachrutschen können.

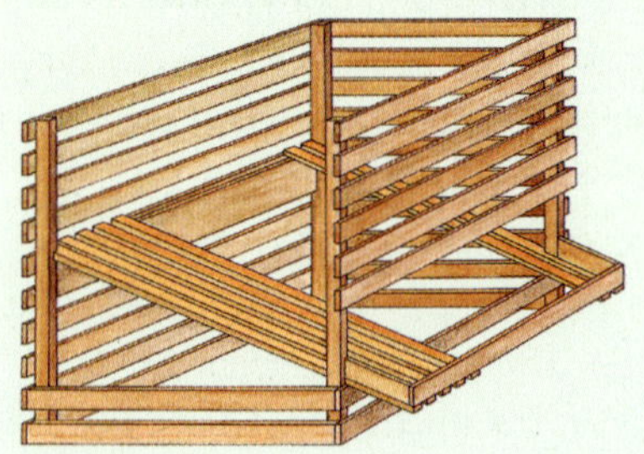

Kohl: Alle späten Kohlsorten vertragen leichte Fröste, so dass sie in der Regel erst Ende Oktober/Anfang November geerntet werden müssen. Für die Winterlagerung sollte man wirklich nur einwandfreie, gut ausgebildete Köpfe verwenden. Alle kleinen, leicht verletzten sollten möglichst bald verbraucht werden.

- Je nach örtlichen Gegebenheiten hält Rotkohl etwa 2 Monate, Weißkohl 3 Monate (bei günstigen Bedingungen auch wesentlich länger), Wirsing mit seinen gekrausten Blättern und nicht ganz geschlossenen Köpfen hält in der Regel nicht so lange.
- Die draußen gut abgetrockneten Kohlköpfe werden, wenn es geht, mit den Wurzeln geerntet. An diesen kann man sie dann nebeneinander, ohne dass sie sich berühren, kopfüber aufhängen. Auf diese Weise entstehen während der Lagerung keine Druckstellen, die nachher zur Fäulnis oder Schimmelbildung führen können.
- Die äußeren Blätter werden nur entfernt, wenn sie Faulstellen aufweisen. Man lässt sie ansonsten an den Pflanzen, weil sie eine natürliche Schutzhülle gegen Verdunstung bilden. Aus diesem Grunde ist es auch falsch, während der Lagerzeit eingetrocknete und unansehnlich gewordene Blätter abzunehmen, der Verdunstungsprozess würde dann immer weiter ins Innere fortschreiten. Sie werden erst entfernt, wenn der Kohl verbraucht wird.
- Köpfe ohne Wurzeln lässt man daher auch am besten an einem luftigen, schattigen Platz im Freien für einige Tage liegen, damit die äußeren Blätter etwas eintrocknen. Anschließend werden sie dann auf Lattenregalen im Keller gelagert; sie sollten dabei aber ab und zu gedreht werden, damit sie nicht schimmeln.
- In sehr trockenen Kellern können die Köpfe auch in eine gelochte Folie eingeschlagen werden. Dabei schlägt sich dann die Feuchtigkeit, die die frischen Pflanzen abgeben, an der Folie nieder und bildet so einen Verdunstungsschutz. Aber Achtung: ist der Keller zu warm, erhöht sich dadurch auch die Fäulnisgefahr.

Kohl mit Wurzel kopfüber aufhängen

Kohlrabi ist frostempfindlich und sollte deshalb bis spätestens Ende Oktober geerntet werden. Man genießt ihn am besten in zartem, frischem Zustand; bei geschickten Aussaatterminen ist das in der Regel vom zeitigen Frühjahr bis in den Herbst hinein möglich. Für die Lagerung werden die Blätter bis zu den Herzblättern entfernt und die Knollen in feuchtem Sand eingeschlagen. So halten sie sich wenige Wochen.

Ausgereifte **Kürbisse** sollten vor den ersten Frösten geerntet werden. Sie halten im Keller in der Regel bis in den Januar hinein, weil ihre feste Schale einen natürlichen Verdunstungsschutz bietet.
Am besten hängt man die Kürbisse einzeln in Netzen oder Tüchern auf. Auf diese Weise vermeidet man am besten Druckstellen, an denen sich bekanntlich zuerst Fäulnis bildet.

Lauch ist winterhart und kann deshalb im Boden bleiben. So kann er den Winter über bei frostfreiem Wetter geerntet werden. Wer aber auch bei viel Schnee oder starkem Frost ernten möchte, gräbt einen Teil seines Lauchs mitsamt den Wurzeln aus und schlägt die Lauchstangen dann entweder an einem überdachten Ort im Freien, im Frühbeet oder im Keller in Erde ein und gießt sie gelegentlich (nur bei frostfreiem Wetter).

Mangold übersteht auch die ersten geringen Fröste noch ganz gut, so dass man ihn meist bis in den November hinein frisch aus dem Garten holen kann. Danach schneide ich alle Mangoldblätter gut eine Handbreit über dem Erdboden ab und bedecke die Pflanzen mit Laub oder Deckreisig. Ganz zeitig im Frühjahr -sobald das Wetter und die Schneeverhältnisse es zulassen – wird diese Schutzschicht entfernt, damit der Mangold nicht anfängt zu faulen.
Mit den ersten Sonnenstrahlen treibt er dann erneut aus.

Möhren (gelbe Rüben) sollten möglichst lange im Garten bleiben. Erst kurz vor den zu erwartenden schweren Frösten und Schneefällen werden sie am besten mit einer Grabgabel vorsichtig ausgegraben. Man dreht das Laub ab und lagert die ungewaschenen Möhren dann in einem kühlen Keller – am besten schichtweise in feuchtem Sand. So halten sie bis in das nächste Frühjahr hinein.

Die **Pastinake** ist frosthart und kann normalerweise im Boden bleiben. Bei frostfreiem Wetter wird sie bei Bedarf ausgegraben. Wer aber auch bei einer langen Frostperiode oder einer hohen Schneedecke ernten möchte, gräbt sie vorsichtig aus, dreht das Laub ab und lagert sie wie alles Wurzelgemüse in feuchtem Sand ein.

Petersilienwurzeln: Wie alles Wurzelgemüse, so sollten auch Petersilienwurzeln möglichst lange in der Erde bleiben. Vor den ersten schweren Frösten gräbt man die Wurzeln jedoch aus, dreht das Laub ab und lagert sie am besten schichtweise in feuchtem Sand im Keller. Wer im Winter frisches Petersiliengrün ernten möchte, pflanzt die Wurzel zu zwei Dritteln in einen Topf und stellt diesen an einen

hellen Ort bei einer Temperatur von etwa 15 °C. Die Pflanze beginnt dann schon bald zu treiben.

Radicchio: Etwa im Oktober werden die Blätter des Radicchio 4 cm über dem Boden abgeschnitten, die Wurzeln aber in der Erde belassen. Bei frostfreiem Wetter, besonders im zeitigen Frühjahr, können dann die neu ausgetriebenen Blattrosetten geerntet werden.

Rettiche: Sommerrettiche sind zum sofortigen Verbrauch bestimmt. Winterrettiche gräbt man Ende Oktober/Anfang November vorsichtig aus, dreht das Laub ab und lagert sie wie alles Wurzelgemüse schichtweise in leicht feuchtem Sand.

Alle **Rosenkohlsorten** sind winterhart und schmecken sogar nach den ersten stärkeren Frösten am besten. Auf diese Weise können sie stets frisch vom Beet geerntet werden. Eine Schneedecke oder starker Frost schaden ihnen erst im zeitigen Frühjahr, wenn es extreme Temperaturschwankungen zwischen starken Frösten nachts und mehreren Plusgraden tagsüber gibt. Die Röschen können dann anfangen zu faulen. Hat man die Röschen bei Frost geerntet – man beginnt beim Pflücken immer mit den untersten Röschen – so lässt man sie langsam im Haus auftauen. In Gegenden mit sehr viel Schnee ist es unter Umständen zweckmäßig, die ganzen Pflanzen mitsamt den Wurzeln auszugraben und – wie beim Grünkohl – in etwas Erde an einer schneegeschützten Hauswand einzugraben.

Rote Bete (rote Rübe): Die rote Bete für den Wintervorrat sollte keinen Frost abbekommen, weil sie dadurch ähnlich wie die Kartoffel ihren Geschmack verändert. Aus diesem Grunde wird sie im Oktober vorsichtig ausgegraben, ihr Laub etwa 3 cm über dem Wurzelansatz abgeschnitten. Diese Maßnahme ist wichtig, damit die Wurzel nicht verletzt wird und damit kein Saft ausströmen kann. Anschließend wird sie, wie alles Wurzelgemüse, im kühlen Keller am besten schichtweise in leicht feuchtem Sand eingelagert.

Schwarzwurzeln bei der Ernte vorsichtig lockern.

Schwarzwurzeln sind winterhart und können deshalb vom Herbst bis in das Frühjahr hinein bei frostfreiem Wetter stets frisch vom Beet geerntet werden. Dabei kann eine Laub- oder Strohdecke den Boden noch längere Zeit vor dem Gefrieren schützen. Trotzdem ist es zweckmäßig, für die frost- und schneereichen Perioden einen Teil der Wurzeln vorsichtig auszugraben und entweder wie Grünkohl, Rosenkohl und Lauch im Frühbeet oder einer geschützten Ecke in Erde einzuschlagen oder wie alles Wurzelgemüse im kühlen Keller in Sand aufzubewahren.

Sellerie: Vor den ersten schweren Frösten wird der Knollensellerie aus dem Garten geholt, von seinen Blättern befreit (man kann diese trocknen und zum Würzen verwenden) und in einem kühlen Keller in Sand eingelagert. So steht er dann den ganzen Winter über zur Verfügung.
Wer frisches Selleriekraut auch im Winter ernten möchte, pflanzt eine Wurzel zu zwei Dritteln in einen mit Erde gefüllten Topf und stellt diesen an einen hellen, mäßig warmen Platz. Schon sehr bald fängt die Wurzel an auszutreiben.

Auch der **Staudensellerie** hält sich, in Sand eingeschlagen, einige Wochen im Keller.

Tomaten: Wenn Anfang bis Mitte Oktober die Nächte kühler und die Tage merklich kürzer werden, sollten Sie Ihre Tomaten ernten. Zu diesem Zweck gräbt man die ganzen Pflanzen mitsamt den Wurzeln aus und hängt sie umgekehrt an einem luftigen, trockenen Ort auf. Nach und nach können dann die roten Tomaten gepflückt werden.
Grüne Tomaten kann man auch nebeneinander – ohne dass sie sich berühren – auf Papier auslegen. Die Temperatur in dem Raum sollte dabei etwa 10 bis 15 °C betragen. Für das Nachreifen müssen die Tomaten vor Lichteinfall geschützt werden, deshalb deckt man sie am besten mit Papier ab.
Alle 2 bis 3 Tage kontrolliert man die Tomaten, dreht sie unter Umständen und verbraucht die rot gewordenen. Auf diese Weise haben wir zum Beispiel noch leicht bis Weihnachten frische Tomaten.

Tomaten nachreifen lassen.

Die Ernte von **Topinambur** beginnt erst im Herbst. Da die Knollen winterhart sind, kann man sie bei frostfreiem Wetter den ganzen Winter über bis ins Frühjahr hinein ernten. Einen kleinen Vorrat kann man jedoch auch für Frost- und Schneeperioden in den Keller holen. Dort müssen sie dann aber unbedingt in feuchte Erde oder Sand eingeschlagen werden, weil sie sonst leicht schrumpeln und welken.

Winterpostelein (Winterportulak) wird wie Feldsalat ausgesät und behandelt. Er verträgt Frost und Schnee, kann mehrmals geschnitten und daher den ganzen Winter über geerntet werden – vorausgesetzt –, man hat ihn mit einem Schneeschutz versehen. Die Haupternte liegt allerdings im Februar und März. Übrigens: auch seine kleinen weißen Blüten sind essbar und können unter den Salat gemischt werden.

MEIN TIPP

Wenn der Winterpostelein im Frühling anfängt zu blühen, können seine kleinen weißen Blüten unter Salat gemischt werden.

Zucchini: Normalerweise werden Zucchini geerntet, wenn sie etwa 20 cm groß sind. Lässt man die grünen und gelben Zucchini im Herbst jedoch wachsen, so entwickeln sie als Verwandte der Kürbisse erstaunliche Größen. Ihre Schale wird hart und bildet so einen natürlichen Verdunstungsschutz (bei diesen großen Zucchini wird sie dann nicht mitgegessen). Ausgereifte Zucchini holt man deshalb vor den ersten großen Frösten ins Haus und lagert sie wie Kürbisse in Netzen oder in luftigen Regalen. So sind sie einige Wochen lang haltbar.

Zuckerhutsalat: Erst im Spätsommer schließen sich die Blätter des Zuckerhuts, und meistens ist er dann ab Ende September erntereif. Er kann aber dann noch eine ganze Zeit im Garten bleiben, weil er Fröste bis etwa minus 8 °C ohne Schaden übersteht. So gräbt man ihn dann in der Regel erst Ende November/Anfang Dezember vorsichtig mit den Wurzeln aus, wickelt seine Köpfe vorsichtig in Zeitungspapier und schlägt die Pflanzen aufrecht stehend dicht nebeneinander in feuchtem Sand im Keller ein. So hält er sich in der Regel einige Wochen. Wer mutig ist, belässt auch einige Pflanzen im Garten. Einige erfrieren zwar, bei anderen werden nur die äußeren Blätter durch den Frost zerstört, so dass man unter Umständen dann im Frühjahr noch gut den schmackhaften inneren Kern verspeisen kann.

Obst

Beeren, Steinobst: Brombeeren, Erdbeeren, Johannisbeeren, Kirschen, Mirabellen, Aprikosen und ähnliche Früchte sind normalerweise nicht lagerfähig und halten sich bestenfalls ein paar Tage im Kühlschrank. Wenn sie am Baum oder Strauch in der Sonne voll ausgereift sind, schmecken sie am allerbesten und haben auch ihren höchsten gesundheitlichen Wert. Sie verlieren durch jede Methode des Haltbarmachens mehr oder weniger viel von ihrer Qualität.

Zwiebeln und Knoblauch: Wenn im Spätsommer oder Herbst das Zwiebelgrün anfängt zu welken. ist das ein Zeichen dafür, dass die Zwiebel ausreift. Holen Sie deshalb die Zwiebeln für die Winterlagerung nicht zu früh aus dem Garten, warten Sie lieber, bis alle Stengel von alleine umknicken und dürr werden. Je besser die Zwiebeln auf dem Beet vortrocknen, desto haltbarer sind sie im Winter. Ernten Sie Ihre Zwiebeln am besten an einem sonnigen, warmen Herbsttag. Das welke Grün wird nicht entfernt, sondern 6 bis 10 Zwiebeln werden locker zu Bündeln zusammengefasst und noch etwa 2 Wochen zum Beispiel unter einem sonnigen, luftigen Dachvorsprung zum Trocknen aufgehängt, bis auch die Schale trocken ist. Wer will. kann aus den angetrockneten Zwiebelschläuchen auch einen Zwiebelzopf zum Aufhängen flechten. Zur endgültigen Lagerung werden diese Bündel dann an einem kühlen, trockenen Ort gelagert, zum Beispiel auf dem Dachboden, wenn er frostfrei ist.
Wer die Zwiebeln nicht bündeln möchte, schneidet ihr Grün einige Zentimeter über der Zwiebel ab, um diese vor Verdunstung zu schützen. Aufbewahrt werden die Zwiebeln dann in luftigen Netzen. Knoblauch behandelt man genauso.

MEIN TIPP

Fallobst wird – auch wenn keine Druckstellen sichtbar sind – getrennt vom Lagerobst aufbewahrt und möglichst bald verbraucht.

Apfel, Birne Quitte: Je nach Sorte und Lagerbedingungen lassen sich Äpfel, Birnen und Quitten ohne besondere Konservierungsmaßnahmen aufbewahren, das heißt, sie sind mehrere Monate, einige Apfelsorten sogar bis in das nächste Frühjahr hinein haltbar.

- Kernobst, das für die Winterlagerung bestimmt ist, sollte etwas früher als das Obst geerntet werden, das vollausgereift sofort verbraucht wird. Das bedeutet, dass ein Apfel noch nicht bei leichter Berührung sofort vom Baum fällt, sondern dass man ihn noch vorsichtig abdrehen kann. Sein Fruchtfleisch darf sich ruhig noch fest anfühlen, der Apfel sollte aber so reif sein, dass seine Kerne nicht mehr hell und seine Schale nicht grün, sondern gelbgrün beziehungsweise rot ist.

- Wie für Gemüse, ist auch für Kernobst ein dunkler Keller mit einem Naturboden der beste Aufbewahrungsort, denn nur er ist in der Regel ausreichend feucht und kühl. Die ideale Luftfeuchtigkeit liegt bei 90 Prozent, unter 80 % sollte sie nicht absinken. Die beste Temperatur liegt bei 4 °C. Auch wenn sie manchmal geringfügig höher ist, so sollte sie plus 10 °C nicht überschreiten, weil sich das nachteilig auf die Haltbarkeitsdauer des Kernobstes auswirkt.
- Noch wichtiger ist, dass die Äpfel keinen Frost bekommen. Das Obst muss rechtzeitig vor dem Frost zum Beispiel durch Stroh vor den eindringenden kalten Luftmassen geschützt werden. Sind Äpfel auch nur einmal kurz gefroren (es reichen schon Temperaturen von minus 1 °C), so muss man die Früchte gleich verbrauchen, weil sie nicht mehr lagerfähig sind.
- Am besten lagert man Äpfel, Birnen und Quitten einzeln nebeneinander auf luftigen Lattenrosten. Üblicherweise werden dafür auch genau aufeinander passende flache Obsthorden verwendet, die man bis unter die Kellerdecke stapeln und trotzdem gut überblicken kann: so kann überreifes und faules Obst gleich aussortiert werden.
- Da Äpfel und Birnen je nach Sorte in unterschiedlichem Maß Reifegase ausströmen (sie bewirken übrigens den guten Duft in einem Obstkeller), dabei aber auch Sauerstoff verbrauchen und Kohlendioxid produzieren, wird empfohlen, sie getrennt von Kartoffeln und Wurzelgemüse zu lagern. Diese Empfehlung ist in der Praxis nur schwer durchführbar, weil die meisten über höchstens einen geeigneten Keller oder Lagerraum verfügen. Wenn Sie also nur einen Keller besitzen, sollten Sie Ihr Kernobst möglichst weit entfernt von Gemüse und Kartoffeln lagern und beide unter Umständen durch geeignete Maßnahmen (siehe Seite 18) schützen. Bei der Lagerung sollten die lange haltbaren Sorten möglichst weit unten liegen. Hier ist der Kohlendioxidgehalt der Luft am größten und es ist kühler; beides verlängert die Lagerfähigkeit.

- Wer einen zu trockenen oder zu warmen Keller besitzt oder sein Obst gegen Kartoffeln und Wurzelgemüse abschirmen möchte, kann das Apfellager mit einer Kunststofffolie aus Polyäthylen umhängen oder die Äpfel gleich in Beutel aus diesem Material abfüllen. Durch die natürliche Ausdünstung des Obstes entsteht unter der Folie eine höhere Luftfeuchtigkeit, durch die ausströmenden

Reifegase verändert sich die Luftzusammensetzung: Sauerstoff wird verbraucht, Kohlendioxid wird produziert. Beides zusammen, Luftfeuchtigkeit und hoher Kohlendioxidgehalt, erhöhen die Lagerfähigkeit. Dabei sollte kein absoluter Luftabschluss erreicht werden, im Gegenteil, ein minimaler Luftaustausch sorgt dafür, dass die Luftfeuchtigkeit nicht überhandnimmt. Für eine solche Lagerung in oder unter Folie sind allerdings nicht alle Sorten gleich gut geeignet. Am besten probieren Sie deshalb diese Art der Lagerung an kleinen Mengen aus.

Ein Apfelbaum sollte in keinem Garten fehlen. Viele Apfelsorten lassen sich auch gut lagern.

- Wem die Lagerung unter Folie nicht behagt, der erreicht einen Verdunstungsschutz und die erforderliche Dunkelheit für die Lagerung des Kernobstes auch durch flache Pappkartons mit Deckel. Dabei ist es am zweckmäßigsten, etwa einen Wochenbedarf in einen solchen Karton abzupacken und ihn mit Sorte und ungefährem Verbrauchsdatum zu beschriften. So kann man seinen Bedarf entnehmen und braucht nicht ständig alle Kartons zu öffnen. Das Öffnen würde übrigens auch die im Karton angestiegene Luftfeuchtigkeit und den Kohlendioxidgehalt wieder herabsetzen. Solche Pappkartons stapelt man dann so über- oder hintereinander, dass die frühen Sorten vorne und/oder oben stehen.
- Ein altes Hausmittel sind getrocknete Holunderblüten, die, zwischen die Äpfel gelegt, deren Haltbarkeit verbessern sollen. Getrocknetes Farnkraut ist ein anderes altes Hausrezept. Legt man es unter die Äpfel und deckt diese damit ab, werden Mäuse vom Obst ferngehalten.

MEIN TIPP

Übrigens: Keine Sorge, gesunde Äpfel werden von fauligen nicht angesteckt!

BEISPIELE FÜR LAGERFÄHIGE APFEL- UND BIRNENSORTEN

Je nach örtlichen Gegebenheiten können Unterschiede in der Haltbarkeitsdauer auftreten. Unberücksichtigt bleiben in dieser Tabelle die vielen alten Sorten, die zum Glück wieder kultiviert werden und sich zum Teil sehr lange halten. Fragen Sie nach bei einem Obst- und Gartenbauverein in Ihrer Nähe.

Obst	Sorte	Haltbarkeitsdauer
Äpfel	Gravensteiner	bis Dezember
	James Grieve	bis Ende November
	Goldparmäne	bis Januar/Februar
	Freiherr von Berlepsch	bis März
	Cox Orange	bis Februar
	Boskop (je nach Sorte)	Januar bis März
	Winterglockenapfel	bis März/April
	Brettacher	bis Mai
Birnen und Quitten	Williams Christ	bis Ende Oktober
	Gute Luise	bis Oktober
	Gellerts Butterbirne	bis Mitte November
	Conférence	bis Anfang Dezember
	Alexander Lukas	bis Ende Dezember
	Madame Verte	bis Januar/Februar
	Quitten je nach Sorte	bis Dezember/Januar

Nüsse

Von einem gut ausgewachsenen Haselnussstrauch kann man leicht 5 bis 8 kg Nüsse ernten, bei großen Walnussbäumen fällt die Ernte in guten Jahren noch bedeutend größer aus.

Haselnüsse sollten am Strauch völlig ausreifen, sonst schrumpeln sie bei der Lagerung. Nachdem man sie geerntet hat, werden sie am besten in Jute- oder Leinensäckchen in der Schale an einem luftigen trockenen Ort aufbewahrt.

Walnüsse werden zu einem großen Teil schon frisch verarbeitet, schmecken aber auch nach ihrer völligen Reife ausgezeichnet. Wegen ihres hohen Fettgehaltes könnten sie ranzig werden; man soll sie deshalb nicht so lange wie Haselnüsse aufbewahren. Nur unter völligem Luftabschluss halten sie sich wirklich frisch.

MEIN TIPP

Weichen Sie Nüsse 6 bis 12 Stunden ein. Ihr Volumen vergrößert sich, es bilden sich Enzyme und sie sind leichter verdaulich. Vor dem Verzehr abspülen.

Getreide

Menschen, die gewohnt sind, das weiße Haushaltsmehl aus den Regalen der Supermärkte zu entnehmen und oft mehrere Monate bei sich aufzubewahren, sind erstaunt, wenn sie erfahren, dass Vollkornmehl nicht lagerfähig ist. Getreide sollte daher am besten erst kurz vor seiner Weiterverarbeitung zu Brot, Gebäck oder Teigwaren gemahlen werden. Denn das Vollkornmehl enthält im Gegensatz zum weißen Haushaltsmehl noch die Randschichten des Getreides und den Getreidekeim. Darin befinden sich wertvolle Vitamine, Mineralstoffe, Enzyme, Eiweiß und Fette. Nach dem Mahlen beginnt sofort durch den Einfluss von Wärme und Sauerstoff ein Abbauprozess dieser Inhaltsstoffe, so dass das Vollkornmehl nach einer längeren Lagerung erheblich an gesundheitlichem Wert verliert, später durch die Fette ranzig und muffig wird.

Das ungemahlene Getreidekorn dagegen ist sozusagen eine Naturkonserve ersten Ranges. Selbst unter größten Temperaturschwankungen bleibt es bis zu zwei Jahren, manchmal auch länger, keimfähig, das bedeutet, dass es nichts von seinen wertvollen Inhaltsstoffen verliert. Es lohnt sich deshalb auch aus finanziellen Gründen, Getreide in größeren Mengen einzukaufen und selbst zu lagern – vorausgesetzt, man besitzt eine Getreidemühle für den Haushalt.

Bei der Lagerung ist darauf zu achten, dass das Getreide nicht schimmelt oder der Getreidekäfer sich in ihm einnistet. Aus diesem Grunde wird es am besten in Jute- oder Leinensäcken sowie Holzkisten (niemals in Plastiktüten oder Plastikbehältern) oder Getreidespeichern aus Glas und Holz in einem trockenen Raum bei Temperaturen von 15 bis 20 °C aufbewahrt. Damit es dem Kornkäfer schwerfällt, sich einzunisten, sollte man das Getreide bei der Entnahme, mindestens aber einmal wöchentlich, gut durchmischen oder die Säcke schütteln. Sollten sich im Getreide tatsächlich einmal Insekten befinden, so kann man es in der Sonne ausbreiten (die Käfer sind lichtscheu), drehen und wenden und dann auslesen.

Getreide mit einem hohen Feuchtigkeitsgrad könnte leicht anfangen zu schimmeln, aber auch die Mahlsteine Ihrer Mühle verkleben. Aus diesem Grunde muss der Lagerort unbedingt trocken sein. Sollten Sie Ihr Getreide ganz frisch geerntet vom Bauern beziehen, so kann dieses naturfeuchte Getreide je nach Witterung noch bis zu 20 % Wasser enthalten, was unter Umständen die Schimmelbildung begünstigt. Erntefrisches Getreide sollte deshalb nicht gleich gemahlen werden, sondern zunächst bei Zimmertemperatur 2 bis 4 Wochen nachtrocknen. Bricht dann das Korn knackig auf einer harten Unterlage, so ist es trocken und kann endgültig gelagert und verbraucht werden.

Getreideaufbewahrung im Haushalt. Glassilo im Holzständer von der Firma Hawos. Kann auch zur Lagerung von Trockengemüse wie Erbsen, Bohnen und Linsen eingesetzt werden. Zur Aufhängung oder als Tischständer erhältlich.

Von links nach rechts: Gerste, Weizen, Hafer, Roggen

TROCKNEN

EINE URALTE METHODE

Es ist schon lange her, dass die Menschen sich bemühten, ihre Lebensmittel über längere Zeit aufzubewahren, um Vorräte für den Winter zu haben. Vermutlich haben sie rein zufällig entdeckt, dass die Sonne Früchten, Gemüse, Fleisch und Fisch Wasser entzieht, sie quasi austrocknet und damit nicht verderben lässt. Grabfunde mit getrockneten Feigen zeigen, dass dieser Vorgang zu einer ganz gebräuchlichen Konservierungsart wurde und bereits im alten China und Ägypten weit verbreitet war. Auch die Inkas trockneten schon Beeren und Fleisch und stellten aus getrockneten, geraspelten Kartoffeln eine Art Kartoffelpüree her.

Bei uns hat das Trocknen ebenfalls eine lange Tradition. Dabei denkt kaum einer daran, dass unsere intensiv betriebene Viehwirtschaft ohne das Trocknen von Gras als Futtermittel im Winter gar nicht möglich wäre. Eher erinnert man sich daran, dass in ländlichen Gegenden Äpfel, Birnen und Zwetschgen ausgelegt oder zum Trocknen aufgehängt und als Hutzel im Winter verzehrt wurden. Dabei trocknete man jedoch weniger in der Sonne, weil das unbeständige Wetter das oft nicht zuließ, sondern unter den Dächern der Häuser, die auch im Herbst die Sonne noch gut speichern, oder in der Nähe großer Kachelöfen.

Trocknen und Dörren

MEIN TIPP

Bei dieser Konservierungsart sollten Sie, wann immer es möglich ist, das Trocknen dem Dörren vorziehen, um Lebensmittel in Rohkostqualität zu erhalten. Geschieht das Dörren allerdings bis maximal 42 °C, spricht man ebenfalls von Rohkostqualität.

Das **Trocknen** – mit Hilfe von Sonnen- oder Kaminwärme sowie das **Dörren** mit Hilfe eines elektrisch betriebenen Dörrautomaten oder im Backofen – beruht auf einem einfachen Prinzip: Obst und Gemüse bestehen zum größten Teil aus Wasser, 80 bis 90 %. Durch Wärmeeinwirkung wird ihnen dieses Wasser entzogen. Was übrig bleibt, ist eine Art Konzentrat, dessen Geschmack intensiver und würziger ist und bei Obst einen höheren natürlichen Zuckergehalt aufweist als die entsprechenden frischen Produkte.

In dieses Konzentrat können keine Bakterien und sonstige Mikroorganismen eindringen, weil ihnen das zum Gedeihen notwendige feuchte Milieu entzogen wurde. Die Folge davon ist, dass richtig getrocknete Lebensmittel nicht schimmeln können und bei sachgemäßer Lagerung theoretisch jahrelang haltbar sind (allerdings verlieren sie bei langer Lagerung allmählich an gesundheitlichem Wert, so dass man am besten jedes Jahr frische Lebensmittel trocknet).

Was braucht man zum Trocknen

Das Trocknen findet meist im Freien statt oder unter Ausnutzung des Speichers oder einer sowieso schon vorhandenen Wärmequelle. Die Temperaturen liegen dabei zwischen 30 und 40 °C. Bei diesen geringen Temperaturen werden die Lebensmittel sehr geschont. Sie haben nur einen sehr geringen Vitaminverlust und die Enzyme bleiben vollständig erhalten. Daher spricht man auch von Rohkostqualität. Enzyme helfen bei der Verdauung von Nahrungsmitteln und wirken bei vielen Stoffwechselprozessen im Körper als Katalysator (Beschleuniger).

Gedörrt wird im Backofen oder in elektrischen Dörrapparaten. Dieses Verfahren empfiehlt sich, wenn Wetter oder Platzverhältnisse ein Trocknen ohne Fremdenergie nicht möglich machen. Besonders beim Gemüse könnte man in unseren Breiten ohne das Dörren mit etwas höheren Temperaturen überhaupt nicht trocknen – der Trockenprozess würde viel zu lange dauern und das Getrocknete unansehnlich werden.

Die Vorteile dieser Konservierungsmethode

Insgesamt kann man sagen, dass im Vergleich zu anderen Konservierungsmethoden bei diesem Verfahren durch die niedrigen Temperaturen Vitamine und Nährstoffe der Lebensmittel geschont werden.

- Es treten zwar leichte Einbußen zum Beispiel bei Vitamin C und bei Vitaminen der B-Gruppe auf, sämtliche Mineralstoffe und Enzyme bleiben aber vollständig erhalten und werden nicht, wie etwa beim Einkochen, ausgelaugt.
- Besonders geschätzt werden getrocknete Lebensmittel wegen ihres intensiven oder würzigen Aromas, denn Geschmacks- und Aromastoffe bleiben bestmöglich erhalten.
- Zum Haltbarmachen selbst und für die spätere Lagerung wird keine oder nur verschwindend geringe Energie benötigt (im Gegensatz zum Einkochen und Tiefgefrieren).
- Außerdem bietet sich diese Methode für jede Familiengröße an, denn ohne große Vorbereitungen können sowohl kleine wie auch große Mengen getrocknet werden.
- Da zudem durch den Trockenvorgang Obst und Gemüse beträchtlich an Volumen und Gewicht verliert, benötigt man zum Aufbewahren nur verhältnismäßig wenig Platz.

Dörrgerät der Firma Stöckli.

Wie wird getrocknet?

Wie bei allen anderen Konservierungsarten sollten Sie auch beim Trocknen und Dörren darauf achten, dass Sie nur voll ausgereifte Früchte und Gemüse ohne Druck- und Faulstellen verwenden. Zudem sind reife Früchte haltbarer und intensiv im Geschmack.

Vorbereitung von Obst und Gemüse

Nach der Auswahl der Lebensmittel müssen Sie sich entscheiden, ob Sie die Früchte schälen, entsteinen und zerkleinern wollen. Schälen Sie das Obst, entfernen Sie gleichzeitig mit der Schale auch viele Vitalstoffe. Andererseits bewirken Schälen, Entsteinen oder Zerkleinern eine Verkürzung des Trockenvorganges. Denn je kleiner die Stücke sind, desto schneller trocknen sie. Da aber stark Zerkleinertes beim Trocknen auch mehr Inhaltsstoffe verliert, sollten Sie auf keinen Fall zu viel des Guten tun. Am besten putzen und zerkleinern Sie das Obst und Gemüse so, wie Sie es für die Frischzubereitung tun.

Ausbreiten oder Aufhängen

Das vorbereitete Obst und Gemüse breiten Sie dann auf Rosten oder Gittern aus oder hängen es auf. Als Rost eignen sich zum Beispiel Gitterroste aus dem Backofen oder aus dünnen Holzleisten, Fliegengitter, Getreide- und Mehlsiebe, Geflechte aus Bambusfaser, Körbe mit geflochtenem Boden oder die Siebe des elektrischen Dörrgerätes. Achten Sie bei der Auswahl darauf, dass die Roste sich gut reinigen lassen (wichtig bei saftreichen Früchten) und nicht rosten oder oxidieren. Vorsichtshalber kann man sie – auch wenn man zum Beispiel sehr feines Trockengut hat – mit einem Mulltuch oder Gaze auslegen.

Getrocknete Birnenviertel

Bei den elektrischen Geräten besteht das Drahtgeflecht aus Edelstahl, so dass eine Oxidation und eine Schwarzfärbung an den Auflagestellen vermieden wird. Zusätzlich können dafür speziell entwickelte Folien gekauft werden.

Tomate, Birne, Apfelscheiben

Wollen Sie auf dem Dachboden oder in der Nähe des Ofens trocknen, ziehen Sie das Gemüse am besten ganz oder halbiert auf Fäden auf.

Wichtig ist, dass das Trockengut nicht übereinander liegt oder hängt, sondern nebeneinander. Die Roste sollten außerdem etwas erhöht stehen, damit sie auch von unten gut belüftet werden und so die verdunstende Flüssigkeit gut entweichen kann. Alles, was Sie dann noch brauchen, ist eine möglichst konstante Temperatur: bei Obst von mindestens 30 bis maximal 50 °C, bei Gemüse von 50 bis ca. 68 °C sowie ein bisschen Geduld und Ausdauer. Der Trockenvorgang sollte zügig ablaufen; dabei sind besonders in der Anfangsphase längere Unterbrechungen möglichst zu vermeiden.

Die Methoden

TROCKNEN IN DER SONNE

- Am einfachsten ist es, wenn Sie an warmen Sommertagen mit möglichst geringer Luftfeuchtigkeit Früchte und Gemüse ganz oder zerteilt auf Sieben zum Trocknen auslegen. Allerdings können an einem Hochsommertag bei direkter Sonneneinstrahlung leicht Temperaturen von 70 °C und mehr entstehen. In solchen Fällen sollten Sie für eine Beschattung durch ein Mulltuch sorgen; es ist dann gleichzeitig auch ein Schutz vor Insekten.
- Während des Trockenvorgangs sollten Sie hin und wieder das Trockengut kontrollieren, es umdrehen und fertig getrocknete Produkte aussortieren. Am Abend müssen Sie die Siebe dann ins Haus holen und bis zum Weitertrocknen am nächsten Morgen an einen trockenen, möglichst warmen Ort stellen.

TROCKNEN AUF DEM DACHBODEN ODER AN DER HEIZUNG

- Da das Wetter in unseren Breiten oft recht unbeständig ist und ein großer Teil der Ernte im Herbst anfällt, können Sie auch auf gut belüfteten Dachböden, auf denen sich die Wärme gut hält, trocknen, oder auch die im Freien vorgetrockneten Produkte in der Nähe eines Kachelofens oder einer Heizung nachtrocknen.

DÖRREN IM BACKOFEN UND UMLUFTHERD

Das Dörren im Backofen hat den entscheidenden Nachteil, dass dieser für sehr lange Zeit blockiert ist.

- Einen Backofen mit Ober- und Unterhitze stellt man zum Dörren auf 50 °C und lässt die Tür einen Spalt offen (Kochlöffel einklemmen), damit die feuchte Luft entweichen kann. Sie sollten dabei mit so niedrigen Temperaturen wie möglich beginnen, das Trockengut ab und zu kontrollieren, drehen und aussortieren und auch die Roste gelegentlich vertauschen. Bei saftreichen Früchten und Gemüse kann man, wenn es nötig ist, die Temperatur auf 60 bis knapp 70 °C steigern.
- Wegen der Luftzirkulation geht das Trocknen im Umluftherd bedeutend schneller als im normalen Backofen. Hier kann man die Backofentür geschlossen halten. Das Trockengut sollte allerdings auch hier ab und zu gewendet werden, weil es an den Auflagestellen länger feucht bleibt.

DÖRREN IM DÖRRAUTOMATEN

- Am einfachsten und praktischsten ist zweifellos das Dörren in einem elektrischen Dörrgerät. Diese Geräte haben einen Thermostat, mit dem man verschiedene Temperaturen einstellen kann und der die jeweilige Temperatur dann konstant hält. Auf diese Weise können sehr schonend bei ganz niedrigen Temperaturen (35 °C) Kräuter, Pilze und Obst, bei höheren Temperaturen Gemüse und saftreiche Früchte getrocknet werden. Je nach Fabrikat haben sie entweder herausziehbare Gitterrahmen oder aufeinander gesetzte Drahtsiebe. Dabei können je nach Fabrikat bis zu zehn Siebe aufeinander gestapelt werden.
- Die Wärme wird durch eine elektrische Heizspirale erzeugt, ein eingebauter Ventilator setzt sich durch die Wärme in Bewegung und sorgt für die Belüftung. Weil sich die Warmluft, je höher sie steigt, langsam abkühlt, trocknen die Lebensmittel auf den unteren Sieben schneller als auf den oberen. Es empfiehlt sich deshalb, ab und zu die Siebe untereinander auszutauschen, damit alles gleichmäßig trocknet. Diesen Vorgang spart

man sich bei teureren Geräten. Bei ihnen ist auf der Rückseite ein leistungsstarker Lüfter angebracht, der eine gleichmäßige horizontale Wärmeverteilung sowie die zuverlässige Abfuhr der beim Trocknen entstehenden Feuchtigkeit gewährleistet. Manche Geräte bieten sogar Automatikprogramme. Auf diese Weise können Sie mit verhältnismäßig wenig Energieaufwand dörren. Die Anschaffung eines elektrischen Dörrgerätes lohnt sich auf jeden Fall, wenn Sie Obst und Gemüse regelmäßig und in größeren Mengen trocknen wollen.

MEIN TIPP

Bei uns werden im Frühjahr Rhabarberstückchen und Erdbeeren getrocknet; im Herbst läuft das Gerät jeden Tag, um die reiche Ernte von Äpfeln, Birnen und Zwetschgen aufzunehmen.

Beispiel eines Solar-Dörrgeräts.

Die Dauer des Trockenvorganges

Genaue Angaben über die Dauer des Trockenvorgangs kann man nicht machen. Zum einen ist sie bei jedem Trockengut verschieden, zum anderen richtet sie sich ganz stark nach der Größe und Dicke des zu trocknenden Produkts, seinem Wassergehalt und nach der Temperatur und der Luftfeuchtigkeit des Ortes oder Raumes, in dem getrocknet wird.

EINIGE FAUSTREGELN GIBT ES ALLERDINGS

- In der Sonne oder auf dem Dachboden sollte man Lebensmittel nicht länger als 4 Tage trocknen, anderenfalls ist ein Nachtrocknen im Backofen erforderlich.
- Im Umluftherd und besonders in den elektrischen Dörrgeräten geht es wesentlich schneller. Hier variieren die Zeiten je nach Trockengut zwischen 4 und 12 Stunden. Im Backofen mit Ober- und Unterhitze dauert es manchmal etwas länger.
- Die Trocknungsdauer ist auch abhängig vom gewünschten Trocknungsgrad. Gemüse und Obst kann man zum Beispiel ganz knusprig dörren und es später wie Chips verzehren. Obst kann aber auch nach dem Trocknen noch sehr weich sein, so dass es sich ohne Einweichen wunderbar verzehren lässt. Allerdings: Je mehr Flüssigkeit Obst und Gemüse noch enthält, desto eher kann es anfangen zu schimmeln.

Trockenprobe

Um festzustellen, ob die Produkte genügend getrocknet sind, lässt man zur Probe einige Stücke auskühlen:

- Bohnen, Erbsen und Mais sollten hart sein
- blättrig und in feine Streifen geschnittenes Gemüse sollte knusprig sein
- Fruchtleder lässt sich leicht biegen ohne zu zerbrechen, wird es zerschnitten, dürfen sich an der Schnittkante keine Wassertröpfchen bilden

Aufbewahrung der getrockneten Produkte

Wenn Sie Früchte und Gemüse getrocknet haben, stehen Sie vor der Frage nach einer sachgemäßen Lagerung. Früher wurde Getrocknetes in Leinensäckchen gefüllt und luftig aufgehängt. Auf diese Weise ist es zwar vor Staub, aber nicht vor Schädlingen ausreichend geschützt. Bei ungünstigen Raumtemperaturen und zu hoher Luftfeuchtigkeit kann sich Schimmel bilden; bei zu geringer Luftfeuchtigkeit kann das Trockengut noch nachtrocknen und dann unter Umständen unangenehm hart werden.

- Besser bewährt haben sich deshalb Gläser mit Schraubverschluss oder fest verschließbare Blechdosen, in die Sie Ihr Trockengut nach dem Abkühlen füllen. Verwenden Sie dabei nicht zu große und möglichst dunkle Gläser. Beschriften Sie die Behälter genau, das erleichtert Ihre Arbeit beim späteren Kochen und Backen.
- Durch die unterschiedlichen Trockengrade können Obst und Gemüse die Hälfte bis ein Zehntel ihres Frischgewichts erreichen. Besonders beim Gemüse sollte man deshalb auf den Gläsern das Gewicht vor dem Trock-

nen notieren, denn dann kann man später ohne Schwierigkeiten in Rezepten statt der frischen die getrockneten Produkte in der richtigen Menge verwenden.

- Wenn Sie Ihr Trockengut auf diese Weise luftdicht aufbewahren, spielt die Wahl des Aufbewahrungsortes keine entscheidende Rolle. Die Gläser oder Dosen können durchaus ihren Platz neben anderem Eingelegten und Eingemachten im Keller finden. Allerdings ist darauf zu achten, dass Gläser stets dunkel stehen, also eventuell mit einem Tuch abdecken oder in einen Pappkarton stellen.
- Während der ersten Wochen sollten Sie die Gläser auch ab und zu kontrollieren. Sollten sich an den Wänden der Gläser kleine Wassertröpfchen bilden, so müssen Sie sie öffnen und den Inhalt nachtrocknen. Wenn Sie diese Dinge beachten, ist Ihr Trockengut theoretisch jahrelang haltbar.

Markt auf Korsika, Trockenfrüchte gibt es hier in großer Fülle.

Verwendung von Trockenobst

Trockenobst schmeckt gut und ist ein wertvolles Lebensmittel. Beachten Sie aber, dass es viel Zucker enthält und zu Karies führen kann.

- Getrocknete Früchte eignen sich ausgezeichnet zum Rohessen, als Zugabe zum Müsli, als Knabberei (Chips), als gesunde Süßigkeit, als schneller Kraftspender.
- Wegen ihrer Geschmacks-und Aromastoffe und ihres hohen Mineralstoffgehaltes werden sie als natürliches Süßungsmittel geschätzt und beim Kochen und Backen verwendet. * Besonders im Winter, wenn – abgesehen von importiertem Obst – außer Äpfeln keinerlei frisches Obst zur Verfügung steht, bringen sie viel Abwechslung in den Speisezettel.
- Getrocknetes Obst kann als Füllung für Torten und Gebäck verwendet werden, es passt zu Reisgerichten, zu Getreide- und Brotpudding, kann als Kompott zu Pfannkuchen, Kartoffelklößen, Joghurt und Quark gegeben werden. Außerdem kann man aus Trockenfrüchten auch Milchmixgetränke, Fruchtsuppen und -soßen, Chutneys und Marmelade herstellen.
- Beim Einweichen sollten Sie das Obst nur knapp mit Wasser oder Saft bedecken und so lange quellen lassen, bis es weich, aber nicht matschig ist. Das dauert bei klein geschnittenen Früchten mindestens 1 bis 3, bei ganzen Früchten 4 bis 6 Stunden (oder über Nacht). Eventuell überschüssiges Wasser können Sie zum Süßen weiterverwenden.
- Bedenken Sie beim Ausprobieren von Rezepten, dass Sie maximal halb so viel Trockenobst verwenden sollten, wie frisches angegeben ist.

GEKAUFTE TROCKENFRÜCHTE

Wenn Sie zum Kochen und Backen nicht Ihre eigenen, sondern gekaufte Trockenfrüchte verwenden, achten Sie darauf, dass diese Rohkostqualität haben, nicht geschwefelt sind oder sonstige Zusätze enthalten. Ungeschwefeltes Trockenobst ist zwar etwas teurer, dafür wirkt es aber auch nicht gesundheitsschädigend. Schwefel wird bei der industriellen Trocknung von Obst eingesetzt, um die Farbe der Früchte besser zu erhalten und die Haltbarkeit zu verlängern. Doch bereits in kleinen Mengen zerstört Schwefel das Vitamin B1 im Körper und behindert die Zellatmung, in größeren Mengen kann er sogar Erbrechen, Kopfschmerzen und Durchfall hervorrufen. Gekaufte Trockenfrüchte sollten Sie vor der Verarbeitung gründlich waschen.

Verwendung von getrocknetem Gemüse

Da Gemüse in der Regel bei höheren Temperaturen und auch wesentlich länger als Obst getrocknet werden muss, sind auch die Verluste an wertvollen Inhaltsstoffen größer. Eine andere Konservierungsart ist daher oft besser, zum Beispiel das Lagern im Keller oder die Milchsäuregärung.

- Getrocknetes Gemüse ist sehr aromatisch und eignet sich daher hervorragend als Würzmittel oder Bestandteil in Suppen und Soßen sowie in Eintopfgerichten.
- Knusprig geröstete Gurken-, Melonen-, Grünkohl-, Möhren- oder Zucchinistückchen kann man wie Chips zwischendurch knabbern.
- Beim Kochen muss dem Gemüse praktisch das Wasser wieder zugeführt werden, das ihm beim Trocknen entzogen wurde. Das kann auf zweierlei Weise geschehen: Sie übergießen das Gemüse mit Wasser und lassen es je nach Größe 6 Stunden oder über Nacht abgedeckt an einem kühlen Ort quellen. Das Einweichwasser sollten Sie dann aber unbedingt mit zum Kochen verwenden. Solches Gemüse wäre zum Beispiel für Eintöpfe ideal. Gemüse, das in feine Streifen oder Würfel geschnitten und dann getrocknet wurde, eignet sich gut für Suppen und Soßen. Es wird einfach in die kochende Flüssigkeit gegeben und so lange gekocht, bis es weich ist.
- Damit alles Gemüse weich und zart bleibt, salzen und würzen Sie es am besten erst nach dem Kochen.

Wie trocknet man was?

Hier erfahren Sie, welche Obst- und Gemüsesorten sich am besten eignen und wie Sie Obst, Gemüse, Pilze und Kräuter so schnell und schonend wie möglich trocknen können.

Obst und Nüsse

Bei den **Äpfeln** eignen sich im Prinzip alle Sorten, besonders allerdings diejenigen, die auch als Lageräpfel verwendet werden; zum Beispiel Glockenapfel, Brettacher, Boskop, Goldparmäne usw. Der Golden Delicious wird zwar gern verwendet, weil er nicht so schnell braun wird, aber auch getrocknet ist er nicht sehr aromatisch.

- Die geschälten oder ungeschälten Äpfel können, vom Kerngehäuse befreit und in dünne Spalten geschnitten, auf Sieben oder Rosten zum Trocknen ausgelegt werden.
- Gebräuchlicher ist es, die Äpfel mit Hilfe eines Apfelausstechers vom Kerngehäuse zu befreien und in etwa 1 cm dicke Ringe zu schneiden.
- Um ein Braunwerden zu vermeiden, werden sie kurz in Salzwasser gelegt. Anschließend fädelt man sie auf lange Schnüre und trocknet sie in der Nähe eines Ofens oder auf Holzstäben im Backofen. Lassen Sie die Äpfel nicht zu lange trocknen, sie sollten noch biegsam sein und sich ledrig anfühlen.
- Verwendet man Fallobst, sollte man die Druck- und Faulstellen sehr großzügig wegschneiden.
- Auch die Apfelschalen von biologisch gezogenen Äpfeln kann man auf Dörrsieben trocknen. Aus ihnen kann man dann einen fruchtig-aromatischen Apfeltee zubereiten.

Aprikosen, **Renekloden**, **Mirabellen** eignen sich ganz hervorragend zum Trocknen.

- Große Früchte werden gewaschen, halbiert und entkernt und mit der Schnittfläche nach oben getrocknet.
- Kleine Früchte brauchen Sie nur halb aufzuschneiden, so können Sie die entsteinten Früchte wie Zwetschgen wieder zusammenfalten.
- Da Aprikosen leicht braun werden, können Sie sie vor dem Trocknen in etwas Zitronensaft tauchen.
- Die Trockenzeit für Aprikosen ist relativ lang. Achten Sie beim Kauf von frischen Aprikosen unbedingt darauf, dass Sie eine aromatische Sorte erhalten. Renekloden und Mirabellen trocknen Sie auf die gleiche Weise.

Bananen: Verwenden Sie zum Trocknen nur das Fruchtfleisch voll ausgereifter Bananen; ihre Schale hat meist schon kleine braune Flecken, ihr Fruchtfleisch ist aber noch fest.

Getrocknete **Birnen** eignen sich ausgezeichnet für Süßspeisen und Gebäck. Es gibt verschiedene traditionelle Methoden der Trocknung:

- In Süddeutschland und in der Schweiz werden kleine aromatische Birnen lediglich gewaschen und dann im Ganzen auf Rosten zum Trocknen ausgelegt.

- Wesentlich schneller geht das Trocknen, wenn Sie die Birnen halbieren, vom Kerngehäuse befreien, bei Bedarf schälen und kurz in Salzwasser legen. Sie werden dann mit der Schnittfläche nach oben auf Rosten zum Trocknen ausgelegt.
- Man kann sie aber auch wie Äpfel in Spalten oder in dünne Ringe schneiden und dann trocknen.
- Achten Sie unbedingt darauf, dass Sie eine aromatische, gut ausgereifte Birnensorte trocknen, denn nur dann erhalten Sie den unvergleichlich intensiven süßen Geschmack der getrockneten Früchte.

Erdbeeren schmecken getrocknet ganz köstlich und sind wesentlich geschmacksintensiver als die tiefgekühlten. Sie sind eine feine Nascherei, können aber auch ganz ausgezeichnet für Milchmixgetränke oder Quarkspeisen verwendet werden. Es dauert allerdings sehr lange, bis die ganze, lediglich entstielte Erdbeere getrocknet ist. Es empfiehlt sich daher, sie entweder zu halbieren oder in Scheiben zu schneiden und sie im Dörrgerät oder Backofen zu trocknen.

Frische **Feigen** werden nur gewaschen und dann im Ganzen auf Sieben getrocknet.

Hagebutten werden gewaschen und von Blütenansatz und Stiel befreit.

- Wollen Sie die Hagebutten später als Tee verwenden, können Sie die Früchte ganz lassen. Sie werden dann auf Sieben zum Trocknen ausgelegt.
- Wollen Sie sie als Brotaufstrich oder Füllung für Kuchen verwenden, ist es besser, die Hagebutten aufzuschneiden und zu entkernen. Das Fruchtfleisch kann dann entweder auf Fäden aufgezogen oder aber auch auf Sieben getrocknet werden.
- Die Kerne kann man getrennt trocknen. Aus ihnen bereitet man- eventuell leicht geröstet - den „Kernlestee" zu.

Getrocknete **Kirschen** sind eine Delikatesse. Allerdings sollten Sie dabei eine gut ausgereifte fleischige Sorte verwenden.

- Wenn Sie die Kirschen mit Stein trocknen, dauert der Trockenvorgang sehr lange, und Sie können sie später dann eigentlich nur zum Knabbern verwenden, weil sich der Stein im getrockneten Zustand kaum herauslösen lässt.
- Entsteinen Sie die Kirschen, warten Sie mit dem Trocknen so lange, bis kein Saft mehr abläuft (den Saft kann man auffangen und für Süßspeisen verwenden). Danach werden die entsteinten Kirschen im Backofen oder im Dörrgerät so lange getrocknet, bis sie etwa so klein und schrumpelig wie Rosinen sind.

Nüsse werden in der Schale am besten auf flachen Obststeigen an einem sonnigen, luftigen Platz im Freien getrocknet und dabei ab und zu hin und her geschüttelt. Danach bewahrt man sie in Körben oder Leinensäckchen an einem trockenen Platz auf.

Pfirsiche werden beim Trocknen wie Aprikosen behandelt. Um den Trockenvorgang zu beschleunigen, kann man sie in Scheiben schneiden.

Getrocknete **Rhabarber** eignet sich zum Knabbern oder als Kompott. Zarte, dünne Rhabarberstangen lassen sich ausgezeichnet trocknen. Die etwa 2 cm großen Stücke werden im Dörrgerät oder Backofen getrocknet.

Stachel-, Heidel- und Johannisbeeren: Stachelbeeren können vor dem Trocknen kurz in heißes Wasser getaucht und dann abgetropft auf Sieben zum Trocknen ausgelegt werden. Um ein gutes Trockenergebnis zu erhalten, müssen die Beeren oft gewendet werden. Der Trockenvorgang dauert sehr lange. Heidelbeeren und schwarze Johannisbeeren werden auf die gleiche Weise getrocknet.

Weinbeeren werden von der Traube abgezupft und wie Stachelbeeren getrocknet. Es empfiehlt sich, eine kernlose Sorte zu nehmen, weil Sie sonst nach dem Trocknen hauptsächlich Kerne, aber wenig Fruchtfleisch schmecken.

Zitronen- und Orangenschale: Unbehandelte Zitronen oder Orangen sollten Sie sorgfältig schälen oder die Schale grob abreiben. Getrocknet ist die Schale ein unentbehrliches Würzmittel beim Kochen und Backen.

Zwetschgen eignen sich vorzüglich zum Trocknen. Verwenden Sie nur ganz reife Früchte, die Haut kann sich dabei am Stiel ruhig schon kräuseln. Die Früchte werden im Ganzen getrocknet. Wenn Sie sie entsteinen, schneiden Sie die Früchte nur so weit auf, dass Sie den Stein mühelos entfernen können, und klappen sie zum Trocknen wieder zusammen. Zwetschgen haben zwar eine lange Trockenzeit, trotzdem sollten sie nicht zu lange getrocknet werden: sie sollen noch weich sein.

Gemüse, Hülsenfrüchte, Brennnesseln

Blumenkohl wird zum Trocknen in Röschen zerteilt. Zarte Teile des Strunks können, in dünne Scheiben geschnitten, ebenfalls getrocknet werden. Blumenkohl wird beim Trocknen braun, erhält aber nach dem Kochen seine übliche Farbe wieder.

Junge, zarte **Bohnen** werden in kochendem Wasser etwa 2 Minuten blanchiert und zum Abtropfen ausgelegt. Anschließend kann man sie entweder mit einer Nadel auf einen starken Faden aufziehen oder locker auf Siebe legen. Im Backofen oder im Dörrgerät trocknen sie in 5 bis 10 Stunden, in der Nähe eines Ofens etwa 3 Tage.

Brennnesseln werden wie Spinat getrocknet. Man kann sie als Tee verwenden oder bei der Zubereitung von Gemüsesuppen mitkochen, denn sie sind nicht nur sehr mineralstoffreich, sondern haben auch noch andere gesundheitsfördernde Inhaltsstoffe.

Seit Jahrhunderten gehören **Hülsenfrüchte** zu den Gemüsen, die in getrockneter Form in unseren Küchen Verwendung finden. Getrock-

nete Hülsenfrüchte sollten vor dem Kochen etwa 12 Stunden eingeweicht werden, das Einweichwasser wegschütten und die Hülsenfrüchte in einem Sieb gut spülen; dieser Vorgang verkürzt die Kochzeit erheblich.

- Lassen Sie die Pflanzen voll ausreifen.
- Auf diese Weise trocknen die Samen schon an der Pflanze, so dass Sie sie nur noch aus den Hülsen lösen müssen. Auf Packpapier lassen Sie sie dann etwa eine Woche nachtrocknen, bis sie vollkommen hart sind.
- Lässt das Wetter es nicht zu, dass die Samen an der Pflanze ausreifen, breiten Sie die Hülsen zum Trocknen aus. Wenn diese brüchig werden, verfahren Sie wie oben beschrieben.

Zarte **Kohlrabi** werden geschält und in etwa 4 bis 5 mm dicke Scheiben oder Streifen geschnitten und auf Sieben getrocknet.

Der **Lauch** wird in 0,5 bis 1 cm dicke Ringe geschnitten und auf Sieben getrocknet. Durch seine Winterhärte ist Lauch jedoch immer verfügbar, so dass man ihn nur für Gemüsemischungen zu trocknen braucht.

Die geputzten **Möhren** werden in 0,5 cm dicke Scheiben geschnitten und auf Sieben getrocknet. Da man sie gut in Sand aufbewahren kann, sind sie eigentlich jederzeit frisch verfügbar, so dass man sie nur für besondere Gemüsemischungen trocknen sollte.

Paprika ist ein klassisches Dörrgemüse. Er wird in feine Streifen geschnitten und auf Sieben getrocknet. So ist er bestens als Würze für Suppen oder Soßen zu verwenden. Sie können Paprika aber auch halbieren oder vierteln, auf Fäden ziehen, im Halbschatten aufhängen und 2 bis 3 Tage trocknen lassen. Eventuell ist ein Nachdörren im Backofen nötig.

Spinat: Man lässt die gewaschenen Blätter gut abtropfen, legt sie dann locker auf Siebe und dörrt sie 2 bis 4 Stunden. Nach dem Dörren lassen sie sich leicht zerreiben. Getrockneter Spinat schmeckt gut in Sahne oder Milch gekocht, man kann damit auch Kartoffelpüree oder ein Omelett würzen.

Suppengemüse: Dafür trocknen Sie für eine Portion etwa 500 g Lauch, Sellerie, Möhren, Petersilienwurzeln, Weißkohl und Brennnesselblätter zusammen und bewahren die Mischung in kleinen Schraubgläsern auf. Für einen Gemüseeintopf können Sie zum Beispiel 750 g Frischgemüse wie Möhren, Spargel, Blumenkohl, Kohlrabi und Erbsen zusammen trocknen und aufbewahren oder die bereits getrockneten Gemüse zu einer Gemüsemischung zusammenstellen.

Suppengrün: Diese Mischung eignet sich hervorragend zum Würzen von Suppen und Soßen: Eine Möhre, eine kleine Stange Lauch, ein Stück Sellerie und eine Petersilienwurzel werden in dünne Scheiben und Ringe geschnitten, zusammen getrocknet und aufbewahrt

Tomaten eignen sich gut zum Trocknen. In einem Mörser kann man sie zu Pulver zerdrücken und anstelle von Tomatenmark zum Würzen für Suppen und Soßen verwenden.

- Fleischige Tomaten werden halbiert, eventuell mit etwas Kräutersalz bestreut und mit der Schnittfläche nach oben auf Sieben getrocknet.
- Man kann die Tomaten auch in Scheiben schneiden. Sie lassen sich nach dem Trocknen leicht von den Sieben lösen.

Weißkohl und Wirsing: Da sich Kohl gut lagern und sehr gut milchsauer einlegen lässt, trocknet man ihn höchstens für bestimmte Gemüsemischungen. Beide Kohlsorten werden geputzt, in dünne Streifen geschnitten und auf Sieben getrocknet. Sie sind fertig, wenn sie knusprig sind.

Zucchini, Kürbisse, Gurken: Zucchini eignen sich ausgezeichnet zum Trocknen. Ihr typischer Geschmack bleibt so viel besser erhalten als etwa beim Tiefgefrieren.

- Zum Trocknen werden sie in etwa 1 cm dicke Scheiben oder Würfel geschnitten und nebeneinander auf Siebe gelegt.
- Will man sie später als Chips essen, kann man sie vor dem Trocknen zum Beispiel mit Kräutersalz oder Paprika bestreuen.
- Kürbisse und Gurken werden auf die gleiche Weise getrocknet.

Besonders rote **Zwiebeln** kann man in Scheiben geschnitten auf Sieben trocknen. Sie eignen sich dann sehr gut als Würze zum Beispiel beim Brotbacken.

Pilze

Pilze eignen sich - bis auf wenige Ausnahmen - sehr gut zum Trocknen. Getrocknete Pilze halten sich je nach Sorte etwa 6 bis 12 Monate.

Besonders gut zum Trocknen geeignet sind **Champignons**, **Steinpilze**, **Butterpilze**, **Birkenpilze** und **Maronenröhrlinge**. Diese Sorten können roh ohne vorheriges Blanchieren getrocknet werden. **Rotkappe**, **Violetter Ritterling** und **Speisemorchel** sollten Sie vor dem Trocknen kurz blanchieren. Diese Aufzählung ist keineswegs vollständig. Angaben über andere Pilzsorten finden Sie in einschlägigen Pilzbüchern.

Während des Trocknens verlieren Pilze etwa 90 % ihres Gewichts. Fertig getrocknet sind sie daher erst, wenn sie brechen. Wollen Sie Pilze nur zum Würzen verwenden, können Sie sich eine Art Würzpulver aus einer oder verschiedenen Pilzsorten herstellen. Dabei werden die brüchigen Pilze im Mörser zerstampft, miteinander vermischt und dann in gut verschließbaren Schraubgläsern aufbewahrt. Dieses Pulver können Sie direkt zu den Speisen geben.

- Am besten ist es, wenn Sie die Pilze nicht waschen, sondern nur putzen und von Wurmstellen befreien.
- Kleine Pilze können Sie im Ganzen trocknen, große werden in Scheiben geschnitten.
- Pilze müssen immer langsam bei niedrigen Temperaturen trocknen, denn wenn sie zu heiß werden, verderben sie.
- Gut bewährt hat sich daher das Auffädeln. An einem trockenen, warmen, luftigen Ort (Dachvorsprung, Speicher oder Kachelofennähe) werden sie so etwa 2 Tagen getrocknet.

- Es ist auch möglich, sie im Backofen oder in einem Dörrgerät zu trocknen, allerdings nur bei den niedrigsten Temperaturen.

Kräuter

Kräuter eignen sich sehr gut zum Trocknen. Einige Regeln sollten Sie allerdings beachten, damit die volle Würz- und Heilkraft erhalten bleibt:

- Nur durch sorgfältiges Sammeln und Ernten erhalten Sie ein gutes Trockenergebnis.
- Am besten werden Küchen-, Tee- und Wildkräuter am Vormittag gesammelt, bei trockenem, sonnigem Wetter, wenn der Morgentau bereits abgetrocknet ist.

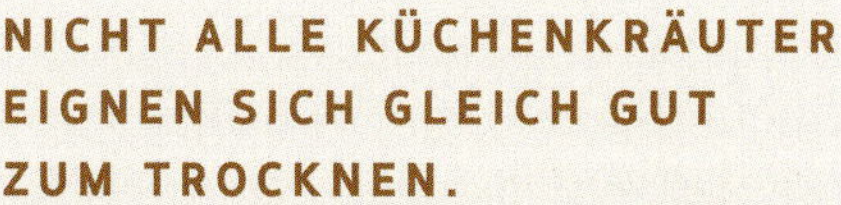

NICHT ALLE KÜCHENKRÄUTER EIGNEN SICH GLEICH GUT ZUM TROCKNEN.

Besonders geeignet sind: Thymian, Rosmarin, Oregano, Majoran, Lavendel, Bohnenkraut, Estragon, Basilikum und Minze.
Petersilie, Schnittlauch Liebstöckel, Dill, Borretsch, Ysop, Pimpinelle und Melisse verlieren nach dem Trocknen etwas von ihrer Würzkraft, sind aber für Kräutermischungen durchaus geeignet.

Von links nach rechts: Salbei, Minze, Thymian

WAS KRÄUTER ALLES ZU BIETEN HABEN

Kräuter bestehen aus Frucht (Samen), Blatt, Stengel und Wurzel. Die einzelnen Bestandteile erfordern spezielle Behandlungen.

- Bei Anis, Fenchel, Koriander und Kümmel werden die Früchte der Pflanzen verwendet. Sie sollten möglichst lange ausreifen. Hängen Sie die Fruchtstände kopfüber auf und breiten Sie darunter ein Stück Papier aus, auf dem Sie die herunterfallenden Samen auffangen. Danach legen Sie die Samen noch einige Tage zum Nachtrocknen aus.
- Wollen Sie nur Blätter ernten, nehmen Sie von jeder Pflanze nur wenige, möglichst junge, aber vollausgereifte Blätter.
- Blüten werden nicht während ihrer vollen Blüte, sondern zu Beginn der Blütezeit gepflückt.
- Früchte müssen ganz reif, aber nicht überreif sein.
- Wurzelteile werden am besten im Herbst ausgegraben.

- Wollen Sie die ganze Pflanze ernten, empfiehlt es sich, sie kurz vor der Blüte abzuschneiden, denn zu diesem Zeitpunkt besitzt sie die größte Würz- und Heilkraft.
- Sie sollten möglichst gleich nach dem Sammeln mit dem Trocknen beginnen.
- Die möglichst ungewaschenen, ganzen Kräuter (gewaschene Kräuter tupft man vorsichtig trocken) fasst man zu lockeren Sträußen zusammen und hängt sie kopfüber an einem luftigen, schattigen, warmen Ort zum Trocknen auf, niemals in der prallen Sonne. So ziehen die ätherischen Öle aus den Stielen in die Blätter und werden nicht durch zu große Hitze zerstört.
- Blüten, einzelne Blätter, Früchte und Wurzelstücke breiten Sie am besten auf Sieben oder mit durchlässigem Stoff bespannten Rosten aus.
- Falls Sie im Backofen oder im Dörrgerät trocknen wollen, beachten Sie, dass Blüten und Blätter Temperaturen über 35 °C, Wurzelstücke über 45 °C im Allgemeinen nicht vertragen.
- Trocken sind die Kräuter, wenn die Blätter rascheln, die Stiele sich leicht brechen lassen und die Früchte und Wurzelstücke hart sind.
- Nach dem Trocknen streift man die Blätter vorsichtig von den Stielen. Will man sie für Tees verwenden, lässt man sie ganz, sonst werden sie leicht gerebelt.
- Aufbewahrt werden Kräuter getrennt nach Sorten (ausgenommen spezielle Mischungen) in Schraubgläsern oder Blechdosen.
- Getrocknete Kräuter müssen unbedingt dunkel stehen. Licht und Luft verändern Farbe und Aroma.

MEIN TIPP

Zum Kochen können Sie sich Kräutermischungen aus verschiedenen Kräutern zusammenstellen. Dafür können Sie die Kräuter schon gleich in Mischungen trocknen oder aus den fertig getrockneten Kräutern eine Kräutermischung nach Bedarf auch in kleinen Mengen herstellen.

BEWÄHRTE KRÄUTERMISCHUNGEN

Provenzalische Kräutermischung: je 1 Teil Bohnenkraut, Lavendel und Rosmarin; je 2 Teile Basilikum, Thymian und Oregano

Italienische Kräutermischung: 5 Teile getrocknete, zerkleinerte Tomaten; je 2 Teile getrocknete Zwiebeln, Basilikum und Majoran; je 1 Teil getrockneter Knoblauch, Schnittlauch, Petersilie, Liebstöckel und Estragon

Salatgewürzmischung: je 2 Teile Petersilie, Kerbel, Schnittlauch, Dill, Borretsch, Zitronenmelisse, Thymian, Basilikum; je 1 Teil Liebstöckel und Estragon

Brotgewürzmischung: 4 Teile Kümmel, 2 Teile Koriander, je 1 Teil Anis und Fenchel

Hausteemischung: Brombeer-, Himbeer-, Erdbeer-, schwarze Johannisbeer- und Haselnussblätter, Heideblüten, Blüten von Ringel- und Schlüsselblumen sowie Borretsch, Pfefferminze, Thymian, Fenchel, Koriander, Kümmel, Melisse, Hagebuttenschale und Hagebuttenkerne.

Quitten- oder Fruchtleder (Quittenbrot)

Statt der Quitten können Sie auch jede andere Obstart oder auch Mischungen verwenden. Allerdings wird das Obst dann nicht zu Mus gekocht, sondern püriert, nach Geschmack mit etwas Honig gesüßt und in die Fettpfanne gestrichen. Statt der Fettpfanne können Sie auch Siebe verwenden, die Sie mit Backpapier auslegen.

1½ kg Quitten
gut ¼ Liter Wasser
100 g Honig

1 Die Quitten abreiben, achteln, vom Kerngehäuse befreien und in einem großen Topf mit dem Wasser weichkochen. Anschließend durch ein Sieb streichen, den Honig hinzufügen und unter ständigem Rühren so lange kochen, bis die Masse dick und leicht bräunlich wird.

2 Die Masse nach Geschmack mit Zimt, abgeriebener Zitronen- oder Orangenschale und gehackten Mandeln würzen.

3 Die Fettpfanne des Backofens gut einfetten, das Mus etwa fingerdick darauf verteilen und glattstreichen.

4 Auf die mittlere Leiste in den Backofen schieben. Bei geöffneter Backofentür bei 50 °C etwa 4 Stunden trocknen.

5 Mit einem Tuch bedeckt sollte das Fruchtleder dann noch weitere 12 bis 24 Stunden in Ofennähe weitertrocknen.

6 Es wird in Rauten oder Würfel geschnitten in Blechdosen aufbewahrt.

Quittenbrot auf Ziegenkäse

Schweizer Birnentorte

Für den Teig
200 g fein gemahlener Vollkornweizen
1 großes Ei
80 g Butter
etwa 80 g Honig
1 TL Zimt

Für den Belag
200–400 g getrocknete Birnenschnitze, mind. 4 Stunden einweichen
1 TL Zimt
2 EL Kirschwasser
50 g gehackte Walnüsse

Für den Guss
250 g Sahne
125 ml Milch
1 Ei
1 EL Kirschwasser
1 EL fein gemahlener Vollkornweizen

1 Für den Teig aus Vollkornmehl, Ei, Butter, Honig und Zimt einen glatten Teig kneten. Eine gefettete Springform damit auslegen, in den Kühlschrank stellen und für mindestens 30 Minuten ruhen lassen.
2 Die eingeweichten Birnenschnitze pürieren und in einer Schüssel mit Zimt, Kirschwasser und Walnüssen mischen. Das Obstmus auf den Teig streichen.
3 Die Sahne mit Milch, Ei, Kirschwasser und Vollkornmehl verquirlen und vorsichtig über das Obstmus gießen.
4 Die Form auf die mittlere Leiste in den kalten Backofen schieben und etwa 45 bis 50 Minuten bei 200 °C backen.

Linzer Torte

Die Torte vor dem Verzehr mindestens einen Tag durchziehen lassen.

Für die Füllung
250 g getrocknete Aprikosen, 3 Stunden in Wasser einweichen
3 EL Cointreau oder Orangensaft

Für den Teig
125 g Butter
100 g Honig
1 Ei
1 TL Kakao
1 EL Rum
100 g gemahlene Mandeln
250 g fein gemahlener Vollkornweizen
1 Eiweiß

1 Die Aprikosen knapp mit Wasser bedeckt für etwa 3 Stunden einweichen, danach im Mixer pürieren und mit Cointreau oder Orangensaft abschmecken.
2 Die Butter mit Honig schaumig rühren, Ei, Kakao und Rum dazugeben. Zusammen mit den gemahlenen Mandeln und dem Vollkornmehl zu einem glatten Teig verrühren und etwa 2 Stunden im Kühlschrank ruhen lassen.
3 Eine Springform mit Butter einfetten und etwa zwei Drittel des Teiges darauf ausrollen. Das Aprikosenmus darauf verteilen
4 Das Eiweiß steif schlagen und unter das restliche Drittel des Teiges rühren. In einen Spritzbeutel füllen und die Torte mit einem Gitter oder einem beliebigen anderen Muster verzieren.
5 In den kalten Backofen schieben und bei 180 °C auf der mittleren Leiste etwa 60 Minuten backen.

Fruchtsuppe

Serviert wird diese feine Fruchtsuppe kalt oder warm mit Suppenmakronen, Getreideklößchen, Zwieback oder gesüßten Eischneeflöckchen.

etwa 200 g ganze getrocknete Früchte nach Geschmack (Kirschen, Zwetschgen, Aprikosen), mind. 6 Stunden in Wasser einweichen
½ Vanillestange
1 Liter Wasser
40 g fein gemahlener Vollkornweizen
Zitronensaft und Honig nach Geschmack

1 Die ganzen getrockneten Früchte werden für mindestens 6 Stunden oder über Nacht in etwa ¼ l Wasser eingeweicht.
2 Die eingeweichten Früchte zerkleinern, mit der Vanillestange und 1 Liter Wasser aufkochen, bei schwacher Hitze garen und nach Belieben passieren.
3 Das Vollkornmehl mit etwas Wasser verrühren und zur Suppe geben. Diese wird noch einmal aufgekocht und dann nach Geschmack mit Zitronensaft und Honig gewürzt.

Marmelade aus getrockneten Früchten

In Schraubgläser abgefüllt, hält sich die Marmelade etwa 14 Tage im Kühlschrank. Auf diese Weise können Sie den ganzen Winter über immer wieder frische, aromatische Marmeladen herstellen.

etwa 250 g getrocknete Früchte ohne Stein, zum Beispiel Kirschen, Zwetschgen, Erdbeeren, Äpfel, Birnen und Rosinen, 3–4 Stunden in Wasser einweichen
Zitronensaft, Honig, Zimt und gemahlene Nüsse nach Geschmack

1 Die getrockneten Früchte sehr klein schneiden und knapp mit Wasser bedeckt für etwa 3 bis 4 Stunden einweichen. Wenn Sie zum Einweichen statt des Wassers Fruchtsaft verwenden, schmeckt die Marmelade noch aromatischer.
2 Anschließend die eingeweichten Früchte im Mixer pürieren, nach Bedarf mit etwas Honig oder Zitronensaft abschmecken und eventuell mit Zimt, Vanille und ein paar gemahlenen Nüssen verfeinern.

Rhabarberkompott

100 bis 150 g getrockneter Rhabarber, 3 Stunden in Apfelsaft einweichen
125 ml Apfelsaft zum Einweichen
125 ml Apfelsaft
30 g fein gemahlener Vollkornweizen
50 bis 100 g Rosinen oder getrocknete Aprikosen
½ TL Zimt
Honig nach Geschmack
100 g Sahne
70 g blättrig geschnittene Mandeln

1 Die getrockneten Rhabarberstücke für etwa 3 Stunden im Apfelsaft einweichen.

2 125 Milliliter Apfelsaft in einem Kochtopf erhitzen, das Vollkornmehl einrühren, aufkochen lassen und die eingeweichten Rhabarberstücke sowie die Rosinen hinzugeben. Etwa 2 Minuten sachte kochen und anschließend 5 bis 10 Minuten auf der ausgeschalteten Herdplatte ziehen lassen.

3 Mit Zimt und etwas Honig würzen und abkühlen lassen.

4 Die steif geschlagene Sahne unter die abgekühlte Masse heben und das Kompott für etwa eine halbe Stunde in den Kühlschrank stellen.

5 Mit Mandelblättchen bestreut servieren.

Gemüsesuppe

40 g getrocknete Erbsen, über Nacht in Wasser einweichen
30 g getrocknete, weiße Bohnen, ebenfalls einweichen
etwa 150 g getrocknetes, fein geschnittenes Gemüse (Lauch, Möhren, Sellerie, Wirsingkohl und Blumenkohlröschen), 4 bis 6 Stunden in Wasser einweichen
1 Zwiebel
4 EL Öl
1½ Liter Gemüsebrühe
100 g Vollkornnudeln
2 TL Tomatenpulver
Pfeffer
Salz
Oregano
Basilikum
Thymian
eine Spur Rosmarin
geriebener Käse zum Bestreuen

1 Erbsen und Bohnen über Nacht in Wasser einweichen.

2 Das fein geschnittenen Trockengemüse 4 bis 6 Stunden knapp mit Wasser bedeckt quellen lassen.

3 Die fein geschnittene Zwiebel in Öl glasig dünsten.

4 Erbsen, Bohnen und Gemüsemischung mitsamt dem Einweichwasser dazugeben. Mit der Gemüsebrühe auffüllen und etwa 30 bis 40 Minuten auf kleiner Flamme kochen.

5 In den letzten 10 Minuten die Vollkornnudeln mitkochen.

6 Den Eintopf kräftig mit Tomatenpulver und den Gewürzen abschmecken. Bei Tisch mit Käse bestreuen.

Ratatouille

50 g getrocknete Zucchini
50 g getrocknete Paprika
50 g getrocknete Auberginen
50 g getrocknete Tomaten
150 g Zwiebeln
2 Knoblauchzehen
3 EL Olivenöl
¼ l Gemüsebrühe
2 Lorbeerblätter
1 TL Pfeffer
½ TL Thymian
½ TL Oregano
½ TL Rosmarin
etwas Kräutersalz
1 EL Obstessig

1 Zucchini, Paprika, Auberginen und Tomaten über Nacht knapp mit Wasser bedeckt einweichen.
2 Die klein geschnittenen Zwiebeln mit den zerdrückten Knoblauchzehen am nächsten Tag im Öl glasig dünsten.
3 Eingeweichte Trockengemüse, Gemüsebrühe und Lorbeerblätter hinzugeben und etwa 30 Minuten auf kleiner Flamme weich dünsten.
4 Die Lorbeerblätter entfernen, das Gemüse kräftig mit Gewürzen und Obstessig abschmecken und zu Baguette, Reis oder Vollkornnudeln servieren.

Pilzgulasch

etwa 100 bis 150 g gemischte, getrocknete Pilze, über Nacht einweichen
3 große Zwiebeln
3 EL Öl
1 EL Tomatenmark
2 rote Paprika
1 TL Liebstöckel
125 ml Gemüsebrühe
Paprikapulver, Kräutersalz
125 g saure Sahne
eventuell 1 Bund Petersilie

1 Die Pilze über Nacht knapp mit Wasser bedeckt einweichen.
2 Die in Ringe geschnittenen Zwiebeln kräftig im Öl anbraten. Die eingeweichten Pilze, die in Streifen geschnittenen Paprika und den Liebstöckel hinzufügen und, wenn nötig, mit der Gemüsebrühe ablöschen. Etwa 20 bis 30 Minuten weich dünsten.
3 Das Tomatenmark dazugeben und das Gulasch mit Paprika und Kräutersalz abschmecken.
4 Die saure Sahne unterziehen und das Gericht nach Wunsch mit der gehackten Petersilie bestreuen.

MILCHSÄURE-GÄRUNG

DIE GESÜNDESTE KONSERVIERUNGSMETHODE

Die Milchsäuregärung ist als Konservierungsmittel heute viel zu wenig bekannt, obwohl das Wissen darüber bereits sehr alt ist. Schon die alten Römer bedienten sich dieser Konservierungsmethode, um eine Art Sauerkraut herzustellen. Auch in China kennt man milchsauren Kohl schon viele hundert Jahre – dort wurde sein Saft auch als Heilmittel gegen verschiedene Krankheiten verordnet. Seefahrer aßen das haltbare Kraut und erkannten, dass sie sich damit vor der tödlichen Vitamin-C-Mangelerkrankung Skorbut schützen konnten. Das koreanische Kimchi, aus Chinakohl und Rettich, gehört dort zu fast jeder Mahlzeit und ist ebenfalls ein guter Vitaminspender.

Dass man nicht nur Kohl auf diese Weise haltbar machen kann, sehen wir besonders in den Balkanländern und in Russland. Dort werden auch rote Bete, Gurken, Kürbisse, Bohnen, Pilze und Gemüsemischungen mit Hilfe von Milchsäure konserviert.

Alles Wichtige rund um die Milchsäuregärung

Auf der Suche nach alternativen Konservierungsmethoden kommt der Milchsäuregärung eine besondere Bedeutung zu. Man kann über sie nur Gutes berichten:

- So benötigt man sowohl für das Verfahren selbst als auch für die spätere Lagerung keinerlei Energie.
- Darüber hinaus ist die Methode denkbar einfach, macht kaum Arbeit und kann von jedem ohne großen Aufwand und besondere Hilfsmittel schnell und mühelos durchgeführt werden.
- So konserviertes Gemüse hält bis zum nächsten Frühjahr, denn die entstehenden Säuren verhindern das Wachstum von Fäulnisbakterien.
- Im Gegensatz zu allen anderen Konservierungsmethoden haben auf diese Weise haltbar gemachte Lebensmittel einen hohen gesundheitlichen Wert.
- Bei der Milchsäuregärung entstehen Vitamine, wie zum Beispiel Vitamin C oder auch B Vitamine.
- Milchsauer vergorene Lebensmittel fördern die Bildung einer gesunden Darmflora. Das ist für die Verdauung und für das Immunsystem wichtig.
- Der durch die Milchsäuregärung ausgelöste Abbau der Glukose (Zucker) ist eine Art „Vorverdauung". Dadurch werden die Lebensmittel besser verträglich.

FERMENTIEREN / MILCHSÄUREGÄRUNG

Beim Fermentieren kommt es zu einer Umwandlung von Inhaltsstoffen durch Bakterien, Pilze oder Enzyme. Dabei entstehen Gase, Alkohol und Säuren. Das führt zu einem veränderten Geschmack und besonders die Säuren sorgen für eine längere Haltbarkeit des Lebensmittels.

Nicht immer müssen Bakterien oder Pilze zum Ausgangsprodukt gegeben werden, um eine Fermentation auszulösen. In vielen Fällen befinden sich die benötigten Mikroorganismen schon auf der Oberfläche des Lebensmittels.

Beispiele für fermentierte Lebensmittel: Schwarzer Tee besteht aus fermentierten Blättern, eine Salami reift durch Bakterien und der Sauerteig ist fermentiertes Mehl. Joghurt, Kefir, Brottrunk und Sauerkraut sind Beispiele für die Milchsäuregärung.

Der gesundheitliche Wert von milchsaurem Gemüse

Milchsaures Gemüse ist nicht allein Lebensmittel, sondern auch Heilmittel. Doch die hier aufgeführten positiven Wirkungen von milchsaurem Gemüse entfalten sich nur, wenn Milchsaures nicht erhitzt wird. Sauerkraut und anderes milchsaures Gemüse aus Konserven ist fast immer pasteurisiert, also erhitzt. Damit hat es diese positiven Wirkungen nicht mehr, denn viele wichtige Inhaltsstoffe werden bei Temperaturen ab 45 °C zerstört. Das heißt aber auch, dass Sie immer einen Teil rohes Sauerkraut unter das gekochte mischen sollten, um von den positiven Wirkungen zu profitieren. Auch Menschen mit empfindlichem Magen gewöhnen sich schnell an dieses frische Sauerkraut, vorausgesetzt, dass sie es gut kauen und damit auch gut einspeicheln.

MILCHSÄUREBAKTERIEN

Milchsäurebakterien gibt es überall. Sie befinden sich auf der Oberfläche aller Pflanzen, es gibt sie in der Milch, aber auch im menschlichen und tierischen Körper. Dort sorgen sie zum Beispiel dafür, dass auf den Schleimhäuten, im Mund, auf der Haut und im Darmkanal Milchsäure entsteht. Diese Milchsäure umgibt uns praktisch wie eine Hülle. Sie schützt uns und verhindert die Entwicklung von Fäulniserregern und Krankheitskeimen von außen.

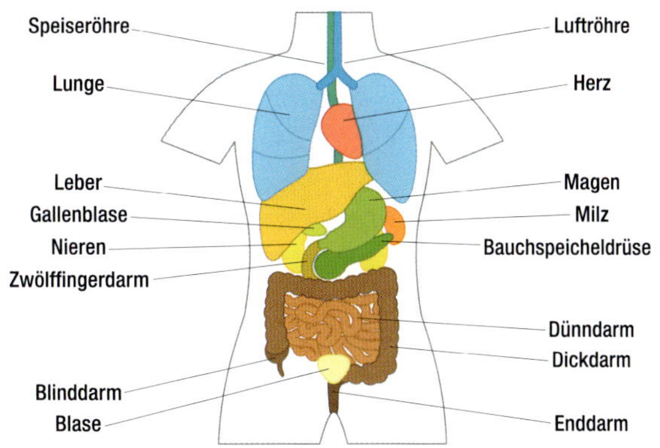

Milchsäurebakterien sorgen für eine gute Darmflora – und das wirkt sich auf den ganzen Körper positiv aus.

- Milchsaure Gemüse bleiben roh, das bedeutet, dass sie keine Einbußen an Vitaminen, Enzymen und sonstigen wertvollen Inhaltsstoffen erfahren.
- Im Gegenteil, während des Gärprozesses bilden die Milchsäurebakterien noch zusätzliche Vitamine, vor allem Vitamine der B-Gruppe, und Enzyme, die sich ebenfalls positiv auf den Stoffwechsel des menschlichen Körpers auswirken.
- Bei der Milchsäuregärung werden Kohlenhydrate zu Milchsäure abgebaut. Dies bewirkt eine Lockerung des Zellgefüges und führt damit zu einer besseren Verdaulichkeit und Bekömmlichkeit.
- Eiweiß und Fette bleiben erhalten. Ebenso die wichtigen Vitamine A, B1, B2, B6 und C, D, E und K, Mineralstoffe und Spurenelemente wie Natrium, Kalium, Kalzium, Eisen, Phosphor und Mangan.
- Auch alle für die Verdauung wichtigen Ballaststoffe und Enzyme sind noch vorhanden. Diese helfen dabei, eine gesunde Darmflora wiederaufzubauen oder zu erhalten.

- Außerdem entsteht beim Gärprozess das wichtige Vitamin B12, das für die Blutbildung verantwortlich ist und in frischer Pflanzennahrung sonst nicht vorkommt.
- Milchsaures Gemüse regt die Leber-und Nierentätigkeit an und wirkt daher entwässernd; Stoffwechselprodukte werden vermehrt ausgeschieden.
- Außerdem wird die Tätigkeit der Bauchspeicheldrüse aktiviert.
- Diabetiker können milchsaures Gemüse fast anrechnungsfrei genießen, weil Kohlenhydrate bereits abgebaut sind.

Was passiert bei der Milchsäuregärung?

Milchsäurebakterien sind wie andere Mikroorganismen (zum Beispiel wilde Hefen, Fäulniserreger usw.) überall vorhanden. Dabei entwickelt und vermehrt sich jede Art jedoch nur unter ganz bestimmten Bedingungen: Milchsäurebakterien brauchen als Nahrung kohlenhydratreiche Lebensmittel, deren Zuckerbausteine sie zur Energiegewinnung abbauen, wobei Milchsäure entsteht.

Wenn dieser Vorgang in einer sauerstoffarmen Umgebung abläuft, sind die Milchsäurebakterien den anderen Mikroorganismen überlegen. Sie können sich vermehren, dabei viel Milchsäure bilden und das Lebensmittel so säuern, dass die Tätigkeit von fäulniserregenden Bakterien verhindert wird. Dabei kann eine geringe Salzmenge das Gemüse so lange vor dem Verderben schützen, bis genügend Milchsäure vorhanden ist. Außerdem beeinflusst Salz auch den Geschmack des Eingesäuerten günstig.

Aber nicht nur Milchsäurebakterien, sondern auch verschiedene Hefepilze sind an diesem Vorgang beteiligt. Unter anderem sind diese auch für die Geschmacksbildung verantwortlich: so können sie zum Beispiel bei zu warmen Außentemperaturen einen zu großen Einfluss nehmen und die Geschmacksbildung negativ beeinflussen.

Bei einer richtig verlaufenden Gärung wird das Gemüse konserviert, ewig haltbar ist es jedoch nicht, denn in irgendeiner Form sind immer noch Mikroorganismen tätig. Sie sorgen zwar in erster Linie für die Veredelung und Reifung des milchsauren Gemüses, können es aber auch ungünstig beeinflussen, zum Beispiel in einem sehr warmen Lagerraum.

GROB GESPROCHEN VERLÄUFT DIE GÄRUNG IN ZWEI PHASEN:

1. Zunächst wird das zerkleinerte Gemüse durch Drücken oder Stampfen (bei Kohl) zusammengepresst. Andere Gemüse werden dicht neben- oder aufeinander gelegt. Dabei entweicht die Luft, und es tritt Zellsaft aus, der den Mikroorganismen als Nahrung dient, die diese erste Gärung einleiten. Bei ihrer Arbeit verbrauchen die Mikroorganismen den noch vorhandenen Sauerstoff und produzieren dabei gleichzeitig Kohlendioxid. Damit verhindern sie, dass sich Fäulnisbakterien und sehr unangenehm riechende und schmeckende Buttersäure entwickeln können. Darum ist sehr wichtig, dass die Gärung schnell einsetzt. **Um dies zu erreichen, stellt man die Gärgefäße zunächst für 2 Tage in einen Raum mit etwa 20 °C.**

2. Erst nach dieser Phase werden die Milchsäurebakterien aktiv. Zusammen mit den Hefepilzen sorgen sie für die eigentliche

Konservierung des Gemüses und für die Geschmacksbildung. Außerdem entwickeln sich während ihrer Vermehrung neben zahlreichen Geschmacks- und Aromastoffen auch wichtige Vitamine und Enzyme. Da diese zweite Phase nicht so schnell verlaufen soll, **wird die Temperatur jetzt auf 15 bis 18 °C gesenkt**. So kann die Säuerung langsam fortschreiten und kommt dann je nach Gemüsesorte nach etwa **10 bis 20 Tagen** zum Stillstand. Beim pH-Wert von 4,1 angelangt (alle Säuren werden in pH-Werten auf einer Skala von 1 bis 14 gemessen), kann sich dann keine Fäulnis mehr bilden.

Aus diesem Grunde könnte man Lebensmittel zum Konservieren auch einfach in Essigsäure legen, um sie vor dem Verderben zu schützen. Vom gesundheitlichen Standpunkt aus betrachtet, kann man die Essigsäure jedoch nicht mit der Milchsäure vergleichen. Milchsäure bewirkt beim Abbau im Körper einen Basenüberschuss. Dies ist besonders wichtig, wenn man bedenkt, dass die übliche Zivilisationskost mit viel Fleisch, viel Eiweiß, Weißmehlprodukten und gekochten Nahrungsmitteln stark säurebildend wirkt und damit das ausgewogene Verhältnis von Basen und Säuren im Stoffwechsel durcheinanderbringt.

Milchsauer einlegen – so geht`s

Welche Gemüse eignen sich?

Besonders geeignet für die Milchsäuregärung ist natürlich Weißkohl, aber auch Rotkohl, Kohlrabi und Brokkoli lassen sich milchsauer einlegen. Ebenso eignen sich alle Wurzelgemüse (Mohrrüben, rote Bete, Sellerie usw.), Bohnen, Gurken, feste Tomaten, Paprika, Kürbisse, Zucchini, Zwiebeln, Knoblauch, Pilze und alle Gewürzkräuter. Man kann sie einzeln oder in Mischungen einlegen.

- Im Prinzip kann man alle Gemüsesorten bis auf die weichen Blattgemüse wie Spinat und Salate auf diese Weise haltbar machen. Es empfiehlt sich jedoch, für diese Konservierungsart nur die späten **Herbstgemüse** zu verwenden, denn Frühgemüse gären sehr schnell, werden weich und sind nicht so lange haltbar.

- Für die Milchsäuregärung sollten Sie nur Gemüse aus biologischem Anbau verwenden, denn überdüngtes Gemüse kann Fehlgärungen hervorrufen und Spritzmittel zerstören die Milchsäurebakterien, die sich natürlicherweise auf der Oberfläche des Gemüses befinden.

- Die Zahl der Milchsäurebakterien verringert sich übrigens auch bei einer langen Schlechtwetterperiode. Wer einen Garten besitzt, erntet sein Gemüse für die Milchsäuregärung besser nicht während einer langen Regenzeit, sondern bei schönem Wetter.

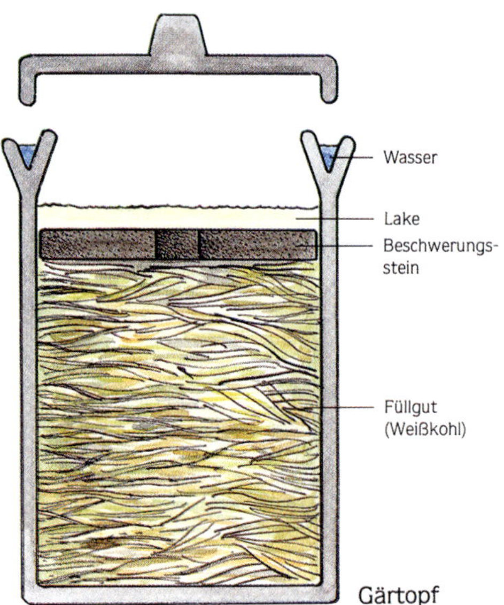

Gärtopf

Welche Gefäße eignen sich?

Früher wurden Sauerkraut, Bohnen und Gurken in offenen Gefäßen aus Steingut oder Holz hergestellt. Solche Gefäße haben ganz entscheidende Nachteile, wodurch sie die Methode etwas unbeliebt gemacht hat. Das Gemüse in den offenen Gefäßen musste ständig kontrolliert werden.

Um die Sauerstoffzufuhr möglichst gering zu halten, wurde das eingesäuerte Gemüse mit einem Tuch, einem Brett oder Teller und einem Beschwerungsstein abgedeckt. Trotzdem bildet sich aber auf der Oberfläche ein grauweißer Belag, die Kahmhefe. Sie schadet zwar dem Gemüse nicht, musste sie aber immer wieder sorgfältig entfernt werden, das Tuch ausgekocht und Brett und Stein gereinigt werden.

GÄRTÖPFE

Diese Probleme hat man bei den modernen Gärtöpfen nicht mehr. Sie bestehen aus hartgebrannter Tonerde (1200 °C) und sind innen und außen mit einer bleifreien Glasur versehen, wodurch sie auch leicht zu reinigen sind. Außerdem verfügen sie über eine Wasserrinne, einen genau passenden Deckel – beides verhindert den Sauerstoffzufuhr und damit die Bildung der Kahmhefe – und meist auch über zwei halbkreisförmige Beschwerungssteine. Es gibt sie in Größen von 6 bis 30 Litern – also für jede Familiengröße und gewünschte Vorratshaltung. Gärtöpfe bekommen Sie in Haushaltsfachgeschäften, im Versandhandel oder in Naturkostläden.

Beim Füllen 3 bis 5 cm frei lassen.

SCHRAUB- UND WECKGLÄSER

Man muss aber nicht unbedingt Gärtöpfe anschaffen, sondern auch in einwandfreien Schraub- und Weckgläser einsäuern. Gläser empfehlen sich besonders, wenn man nur kleine Portionen Gemüse einsäuern oder Gemüsemischungen erst einmal ausprobieren möchte. Beim Einsäuern wird genauso verfahren wie bei den Gärtöpfen. Nur das Einstampfen, zum Beispiel bei Kohl, sollte man besser vorher in einer Schüssel vornehmen und das Gemüse im Glas dann nur noch leicht eindrücken. Es gibt sogar spezielle Schraubgläser für die Milchsäuregärung. Sie haben eine passgenaue Beschwerung und über ihren Deckel kann Kohlendioxyd entweichen.

Wichtig ist, dass die Gläser nach dem Gärprozess nicht nur kühl, sondern auch dunkel stehen müssen. Aus diesem Grunde bedeckt man sie mit einem Tuch oder stellt sie in Pappkartons.

DAS IST WICHTIG!

- Säubern Sie alle Gefäße und Geräte gründlich.
- Das Gemüse gut putzen und zerkleinern, ins Glas füllen. Gewürze und Salzlake zugeben und gut festdrücken. Das Gemüse muss mit Lake bedeckt sein.
- Die Gläser bis 3 bis 5 cm unter den Rand füllen, das Gemüse am besten mit einem Abstandshalter (Schnapsglas, abgeschnittene Joghurtbecher) nach unten drücken.
- Stampfen Sie feste Gemüse wie Kohl gut ein. Das Stampfen macht das Kraut mürbe, lässt den Zellsaft austreten und die Luft entweichen.
- Als obere Schicht kann man Himbeer- und schwarze Johannisbeerblätter nehmen – beide sind reich an Milchsäurebakterien.
- Durch die Zugabe von gewaschenen Weinblättern bleibt das Gemüse durch die enthaltenen Gerbstoffe knackig.
- Während der ersten Woche den Deckel einmal pro Tag kurz öffnen.
- Wer in Gläsern einsäuert, sollte sie nur zu vier Fünfteln füllen. Die Flüssigkeit muss das Gemüse gut bedecken, gegebenenfalls mit abgekochtem, abgekühltem Wasser auffüllen.
- Legen Sie am besten ein Thermometer auf den Deckel des Gärtopfes, damit Sie die Temperatur kontrollieren können, siehe Seite 62f. Grundsätzlich ist es besser, die Töpfe eher ein wenig zu kurz als zu lange in der Wärme stehenzulassen.
- Leere Töpfe, Steine und Deckel in einem kühlen, trockenen Raum aufbewahren.

Was kann schiefgehen?

Gesundes Gemüse aus kontrolliertem, biologischem Anbau enthält alle für den Gärprozess notwendigen Milchsäurebakterien, so dass man es einfach unter den erwähnten Temperaturen der Selbstsäuerung überlassen kann. Es schmeckt und riecht angenehm säuerlich.

- Ist das Gemüse schleimig oder riecht unangenehm, so ist es verdorben und darf nicht mehr verzehrt werden; meist hat sich dann Buttersäure gebildet. Der Grund liegt oft darin, dass gedüngtes und gespritztes Gemüse verwendet wurde oder an mangelnder Hygiene wie unzureichend gespülte Gärgefäße oder ungewaschenes Gemüse.
- Wenn das Gemüse zu weich ist, kann es sich um eine weiche Sommersorte handeln oder es wurde zu wenig Salz genommen. Gurken werden nach schlechten Sommern (trocken oder kalt) durch die Gärung leicht weich. In diesem Fall kann man Eichenblätter in das Gärgefäß geben. Ihre Gerbsäure schützt die Gurken vor dem Weichwerden. Ebenso können sehr reife Kürbisse oder Zucchini durch das Einsäuern zerfallen. Zu weich gewordenes milchsaures Gemüse kann man jedoch gut püriert unter Salatsoßen mischen.
- Ein weißlicher Belag auf dem Gemüse weist auf Kahmhefe. Sie wird von Hefebakterien gebildet, die durch Luftzutritt wieder aktiv geworden sind. Entfernen Sie diese Hefeschicht und wischen Sie die Innenwände des Gärtopfes mit einem in heißes Wasser getauchten Tuch aus.
- Es kann sein, dass Ihr Gemüse im Laufe des Winters nachsäuert; die einen mögen dies, die anderen nicht. Abhilfe schaffen niedrige Lagertemperaturen.

MILCHSAURES GEMÜSE IN DER KÜCHE

- So oft wie möglich sollten Sie milchsaures Gemüse frisch verzehren.
- Sie haben im Handumdrehen einen Frischkostsalat, wenn Sie das Eingesäuerte mit kalt gepresstem Öl und frischen Kräutern anmachen.
- Viele geschmackliche Variationsmöglichkeiten ergeben sich, wenn Sie Milchsaures mit Blattsalaten oder Gemüsefrischkost der jeweiligen Jahreszeit mischen. Bei der Zubereitung von Marinaden für solche Frischkostsalate benötigen Sie dann weder Salz noch Säure wie Zitronensaft oder Essig; beide bringt das Gemüse schon mit.
- Den milchsauren Geschmack können Sie durch die Zugabe von Sahne, Quark oder frisch geraspelte Äpfel etwas dämpfen.
- Wenn Sie Milchsaures warm servieren wollen, sollten Sie es zum Beispiel bei Suppen erst ganz zum Schluss dazugeben, damit es nur noch erwärmt wird. Oder Sie heben beim gedünsteten Sauerkraut nach dem Kochprozess eine Portion unerhitztes Sauerkraut unter. So bleiben die hitzeempfindlichen Vitamine und Enzyme im milchsauren Gemüse bestens erhalten.

Hilfsmittel für die Milchsäuregärung

Grundsätzlich sind keine Hilfsmittel nötig, in manchen Fällen aber vorteilhaft, weil sie dem Gemüse ganz gezielt Milchsäurebakterien zuführen. Auf diese Weise setzt dann die Gärung bedeutend schneller ein und das milchsaure Gemüse steht schneller zum Verzehr bereit.

- **Molke**
  Als Starterkultur kann man dem milchsauren Gemüse Molke zusetzen, und zwar etwa ¼ Liter Molke für einen 10-Liter-Gärtopf. Neben Milchsäurebakterien enthält sie auch Milchzucker und verschiedene Vitamine und Mineralstoffe, die den Gärprozess fördern.

- **Gärflüssigkeit**
  Hat man zum Beispiel vom früheren Einsäuern Gärflüssigkeit übrig, so kann man diese als Starterkultur zum Gemüse geben. Die Gärung setzt dann schneller ein, weil gezielt sehr viele Milchsäurebakterien zugeführt werden. Gärflüssigkeit kann man auch anstelle von Essig oder Zitronensaft für Salatsoßen verwenden.

- **Sauergemüseferment und Fermentationsbeschleuniger**
  Ebenso wie es für die Joghurt-, Sauermilch- und Kefirherstellung Fermente gibt, so können Sie sich auch ein Sauergemüseferment oder Fermentationsbeschleuniger (siehe Bezugsquellen) verwenden. Mit Hilfe eines solchen Fermentes steht das milchsaure Gemüse oft schon nach wenigen Tagen zum Verzehr bereit. Beachten Sie die jeweiligen Hinweise der Packungsbeilage.

- **Brottrunk**
  Schon früher wurden aus Getreide oder Brot Kwassgetränke hergestellt. Im Gegensatz zum traditionellen Kwass enthält der Brottrunk keinen Alkohol. Deshalb eignet er sich auch gut als Starterkultur für milchsaures Gemüse. Für ein 1-Liter-Schraubglas benötigen Sie etwa 2 Esslöffel Brottrunk.

Brottrunk

Sauerkraut mit Apfel

Für einen 10-Liter-Gärtopf

etwa 8 kg Weißkohl (oder Rotkohl)
4 große, säuerliche Äpfel
2 bis 4 EL Wacholderbeeren
2 EL Kümmel
80 g Meersalz
große Kohlblätter zum Abdecken

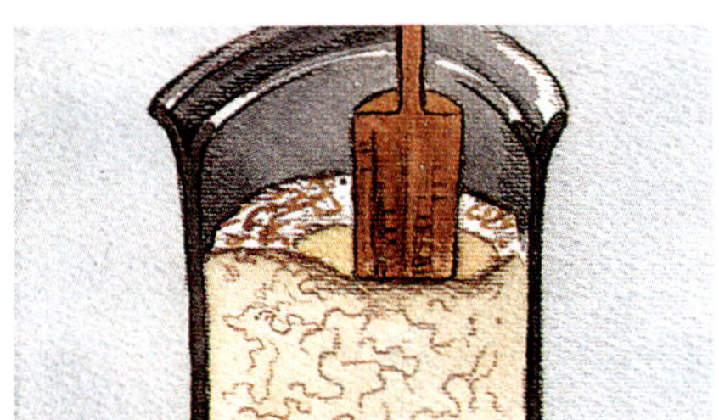

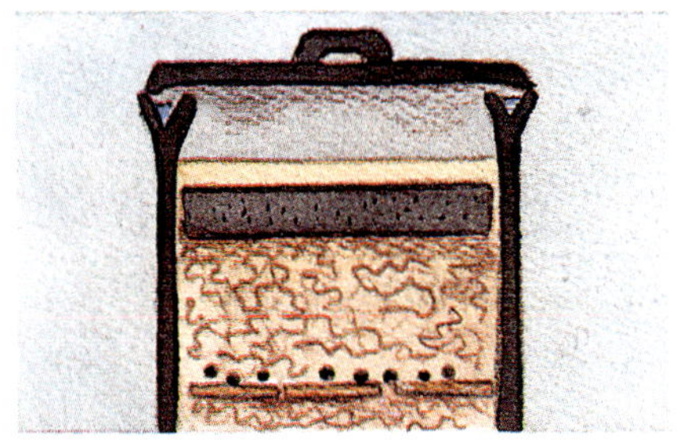

Alle Zutaten sollten Zimmertemperatur haben, auch der Gärtopf

1 Stellen Sie alle Zutaten bereit.
2 Putzen und hobeln Sie den Kohl. Bewahren Sie dabei einige große Kohlblätter zum Abdecken auf. Schneiden Sie die Äpfel in dünne Scheiben.

3 In den gut gesäuberten Gärtopf legen Sie den gehobelten Kohl schichtweise ein und stampfen jede Lage mit einem Krautstampfer kräftig fest, bis sich Saft gebildet hat. Nach jeder Kohlschicht folgt eine Zwischenschicht mit Apfelscheiben und Gewürzen.
4 Füllen Sie den Topf nur etwa zu vier Fünftel. Die letzte Schicht bilden die großen Kohlblätter. Dann werden die Beschwerungssteine aufgelegt, die stets mit Flüssigkeit bedeckt sein müssen. Diese Flüssigkeit erhalten Sie durch den Kohlsaft, der durch das Stampfen entsteht, und eventuell noch durch etwas abgekochtes, abgekühltes Wasser.
5 Zum Schluss wird der Deckel aufgesetzt und die Wasserrinne mit Wasser gefüllt. Der Gärtopf muss jetzt etwa 2 Tage bei 20 bis 22 °C, dann 2 bis 3 Wochen bei 15 °C stehen, danach kommt er in den kühlen Keller. Nach 2 bis 4 Wochen ist die Aromabildung beim Sauerkraut abgeschlossen und Sie können sich Ihre erste Portion aus dem Keller holen.

Milchsaure Gurken

Für ein 1-Liter-Glas

etwa 1 kg kleine, feste Freilandgurken ohne Kerne (Einlegegurken)
1 kleine Zwiebel
1 Knoblauchzehe
einige Dillsamen
Estragonblätter
Senf-und Korianderkörner
20 g Meersalz
etwa ¾ Liter Wasser
1 bis 2 EL Gärflüssigkeit oder in Wasser aufgelöstes Sauergemüseferment

1 Bürsten Sie die Gurken unter fließendem Wasser gründlich ab und stapeln Sie sie möglichst dicht in das Schraubglas. Verteilen Sie dabei die Gewürze, die geschälte und in Ringe geschnittene Zwiebel und die klein geschnittene Knoblauchzehe.

2 Lösen Sie das Salz im Wasser auf, kochen es ab und lassen es abkühlen. Rühren Sie dann die Gärflüssigkeiten hinein und gießen Sie so viel ins Glas, bis die Gurken gut bedeckt sind.

3 Das Glas fest verschließen, mit einem Tuch bedecken und etwa eine Woche bei Zimmertemperatur gären lassen. Dann kühl stellen. Die Gurken können nach 10 bis 14 Tagen verzehrt werden.

Milchsaures Allerlei

Für ein 1½-Liter-Schraubglas

350 g grüne Paprika
200 g rote Paprika
200 g gelbe Zucchini
200 g feste Tomaten
1 Zwiebel
einige Estragonblätter
Dillsamen
etwa 1½ Liter Wasser
30 g Meersalz

1 Das Gemüse waschen und putzen. Die Paprika in etwa 1 cm breite Streifen, die Zucchini in Scheiben schneiden, die Tomaten vierteln, die Zwiebel würfeln.

2 Alles abwechselnd in das gut gesäuberte Schraubglas füllen, dabei die Gewürze dazwischen verteilen. Das Glas nur bis etwa 4 cm unter den Rand füllen.

3 Das Wasser mit Salz aufkochen, abkühlen lassen und anschließend über das Gemüse gießen. Reicht das Wasser nicht aus, müssen Sie noch etwas abgekühltes Salzwasser nachgießen, denn das Gemüse muss gut bedeckt sein.

4 Das Glas fest verschließen und etwa eine Woche bei Zimmertemperatur stehen lassen, dabei zum Schutz vor Licht mit einem Tuch abdecken. Dann das Glas im kalten Kellerdunkel stellen. Nach 2 bis 3 Wochen ist die Aromabildung abgeschlossen.
Im kühlen Keller ist es bis zum nächsten Sommer haltbar.

Milchsaure rote Bete

Für ein 1-Liter-Glas

600 bis 750 g rote Bete
2 Zwiebeln
1 TL Kümmel
1 Lorbeerblatt
einige Dillsamen
einige Estragonblätter
etwas abgekochtes Salzwasser,
20 g Salz pro Liter Wasser

1 Die roten Bete gut waschen, bürsten, harte Stellen entfernen. Die Bete in dünne Scheiben schneiden.

2 Zusammen mit den geschälten und in Ringe geschnittenen Zwiebeln und den Gewürzen in das Glas schichten, dabei die Scheiben mit einem Holzlöffel etwas zusammendrücken.

3 Da rote Bete sehr heftig gärt, dürfen Sie das Glas auf keinen Fall zu voll füllen! Füllen Sie das Glas mit so viel abgekochtem und abgekühltem Salzwasser auf, dass die Beten gut bedeckt sind.

4 Anschließend den Deckel fest verschließen und die roten Bete mit einem Tuch bedeckt etwa eine Woche bei Zimmertemperatur gären lassen.

5 Danach in den Keller stellen. Nach 3 bis 4 Wochen können Sie die milchsauren roten Bete essen. Sie sollten die Bete allerdings nicht zu lange aufbewahren, da sie sehr stark nachsäuern. Stellen Sie lieber mehrmals im Winter milchsaure rote Bete her.

Milchsaure Möhren

Milchsaure Möhren werden wie rote Bete hergestellt. Schneiden Sie sie ebenfalls in dünne Scheiben, und schichten Sie sie in ein Glas mit etwas Petersilie und Sellerieblättern ein.

Kimchi

Für 3 Gläser à 500 Milliliter

1 kg Chinakohl
1 bis 2 Möhren
5 cm Ingwer
10 Knoblauchzehen
2 Chilischoten
1 Liter lauwarmes Wasser
10 g Salz

1 Die Gläser heiß ausspülen, auf einem Geschirrtuch abtropfen lassen.
2 Chinakohl und Möhren waschen, putzen und in feine Streifen schneiden. Ingwer schälen und Knoblauch abziehen, beides fein würfeln. Die Chilischoten waschen, halbieren, Samen und Scheidewände entfernen und das Fruchtfleisch in feine Streifen schneiden. Für die Lake Wasser und Salz verrühren.
3 Kohl, Möhre, Ingwer, Knoblauch und Chili mischen, in die Gläser füllen und fest andrücken, 3 cis 5 cm Rand sollte bleiben. Mit Lake begießen, bis alles bedeckt ist. Eventuell Abstandshalter auf das Gemüse pressen und die Gläser verschließen.
4 Bei Zimmertemperatur etwa 1 Woche gären lassen, dabei einmal pro Tag den Deckel kurz öffnen. Dann die Gläser an einem kühlen Ort aufbewahren.

Haben Sie Mut zum Experimentieren bei Ihrem Gemüse oder den Mischungen: Geben Sie ganz nach Belieben frische Kräuter, Gewürze wie Kümmel, Senf und Pfefferkörner oder auch Zwiebeln und Knoblauch dazu. Ihrer Fantasie sind keine Grenzen gesetzt. Alles ist eine Frage des persönlichen Geschmacks.

in Essig

in Öl

in Alkohol

in Salz

EINLEGEN

WACHSTUMSBEDINGUNGEN VERSCHLECHTERN

Konservierungsmethoden versuchen, die für den Verderb verantwortlichen Mikroorganismen und Enzyme abzutöten oder ihre Vermehrung zu unterdrücken, indem die Lebensbedingungen verschlechtert werden. Ändern sich die Lebensbedingungen, ändert sich auch das Wachstum. Essigsäure ändert den pH-Wert ins Saure, Öl verhindert die Sauerstoffzufuhr, Salz verringert den Wassergehalt und hochprozentiger Alkohol tötet Mikroorganismen ab. Diese Konservierungsmethoden finden Sie in diesem Kapitel.

Einlegen in Essig

Säure schützt vor Verderbnis

Schon unsere Vorfahren legten Obst und Gemüse in Essig ein. Es ist eine gebräuchliche Konservierungsart, weil sie schnell und einfach zu handhaben ist und darüber hinaus auch nicht viel Geld kostet. Man kann jedes Obst und Gemüse, aber auch Fisch, Fleisch und Eier auf diese Weise ohne zusätzliche Hitzezufuhr haltbar machen.

Durch den hohen Säuregrad des Essigs wird die Vermehrung von Mikroorganismen, darunter auch Gär- und Fäulnisbakterien sowie Schimmelpilze, verhindert. Im Unterschied zum Haltbarmachen durch Milchsäuregärung hat hier statt der Milchsäure die Essigsäure die konservierende Kraft. Sie durchdringt das jeweilige Lebensmittel und macht es sauer. Dadurch wird der Eigengeschmack des jeweiligen Obstes und Gemüses überlagert.

Im Gegensatz zur milden Milchsäure wirkt die Essigsäure nicht nur geschmacklich, sondern auch im Stoffwechsel des Körpers als Säure, was für unsere Säure-Basen-Balance eher ungünstig ist.

Himbeeressig

KLEINE ESSIGKUNDE

Essig entsteht, wenn man ein alkoholisches Getränk, etwa Weißwein, Rotwein oder Apfelwein, über längere Zeit offen stehen lässt. Mit Hilfe des Sauerstoffs aus der Luft bauen die Essigsäurebakterien den Alkohol zu Essigsäure ab. Die verschiedenen Essigsorten unterscheiden sich durch die verwendeten Rohstoffe und durch die Zubereitungsart.

- Bei reinem **Weinessig** stammt die Essigsäure zu 100 % aus dem Alkohol des Weines. Sein Essigsäuregehalt beträgt etwa 6 bis 10 %.
- **Obstessig** wird bei uns hauptsächlich aus Apfelwein hergestellt. Der Säuregehalt liegt bei 5 %.
- Die meisten im Handel angebotenen Essigsorten sind Verschnitte aus **Branntweinessig** (hier dienen Zuckerrüben und Kartoffeln als Ausgangsprodukt) und Weinessig. Manche enthalten auch echten Weinessig und reine Essigsäure in unterschiedlichen Mischungsverhältnissen. Wie auch immer sie jedoch zusammengesetzt sind, sie haben alle einen Essigsäuregehalt von mindestens 5 %.
- **Essigessenz** wird durch das Verdünnen von Essigsäure auf 80 % Säuregehalt hergestellt.

Essig selbst herstellen

DURCH OFFENES STEHENLASSEN

Wenn Sie frisch gepressten Apfelsaft offen stehen lassen, beginnt dieser Apfelsaft schon nach wenigen Tagen zu gären: Die im Apfelsaft enthaltenen wilden Hefepilze bauen den Fruchtzucker des Saftes zu Alkohol und Kohlendioxid ab. Bleibt das Gefäß weiterhin geöffnet stehen, so wird durch die überall vorhandenen Essigbakterien dieser Alkohol mit Hilfe des Luftsauerstoffs zu Essig umgesetzt. Das Gleiche passiert – bereits eine Ausgangsstufe weiter –, wenn Sie Wein im Warmen offen stehen lassen. Die Nachteile dieser Methode: Der Prozess dauert sehr lange und es entstehen unter Umständen auch noch eine Reihe anderer, unerwünschter Bakterien und Pilze.

Wein mit Sauerteig animpfen.

Es bildet sich die Essigmutter

DURCH ZUGABE VON ESSIGSÄUREBAKTERIEN

Es ist deshalb besser, den Vorgang zu beschleunigen. Zu diesem Zweck gibt man Wein oder Apfelwein (vergorener Apfelsaft) in ein ausreichend großes Gefäß, zum Beispiel in ein Tongefäß. Eine breite Öffnung ist gut, weil dann viel Sauerstoff an die Flüssigkeit herankommt. Man impft diese Weine dann gezielt mit Essigkulturen (= Essigmutter). Solche Essigkulturen kann man kaufen, man kann aber auch ein Stück Sauerteig (oft genügt ein Stück Brot) und einen Esslöffel Essig dazugeben. Die genaue Menge ist dabei relativ unwesentlich, weil sich Essigbakterien sehr schnell vermehren. Bei diesem Verfahren bildet sich dann auf der Weinoberfläche eine Haut, die sich immer mehr verdickt, das ist die Essigmutter. Sie besteht aus unzähligen Essigsäurebakterien.

Mit der Essigmutter können Sie immer wieder neuen Essig herstellen. Wenn sich nach etwa 3 Wochen der Alkohol zu Essig umgesetzt hat, gießen Sie den fertigen Essig durch ein Tuch und füllen ihn in Flaschen ab. Die im Tuch zurückbleibende Essigmutter legt man wieder in das Essiggefäß und übergießt sie erneut mit Wein oder Apfelwein. Ab und zu sollte man die Essigmutter verjüngen. Dazu löst man die hellere (junge) Schicht ab, ältere Teile wirft man weg, denn sie können eine Trübung des Essigs verursachen.

Sie können dem Essig Gewürze, Kräuter, Zwiebeln und Beeren zusetzen und ihn damit aromatisieren. Nach etwa 2 bis 3 Wochen hat der Essig das Aroma der eingelegten Zutaten angenommen. Man lässt die eingelegten Kräuter und Gewürze – mit Ausnahme von Beeren, Chilischoten und Zitronenschalen – so lange im Essig, wie sie bedeckt sind. Danach den Essig abseihen.

Gemüse und Obst in Essig einlegen

PROBLEME UND LÖSUNGEN

Schimmel: Wenn sich Schimmel gebildet hat, müssen Sie den ganzen Inhalt des Gefäßes vernichten. Es empfiehlt sich daher, eher mehrere kleine als eine große Portion einzulegen. Schimmelbildung kann durch einen feuchten oder zu warmer Keller ausgelöst werden. Aus dem Sud herausragendes Füllgut ist ein guter Nährboden für Schimmelpilze. Eine zu schwache Essiglösung oder ein Topf mit beschädigter Glasur sind weitere mögliche Gründe.

Gärung: Was tun, wenn der Inhalt gärt? Der Inhalt fängt an zu gären, wenn der Keller zu warm ist oder die Gläser im Licht stehen. Außerdem kann der Sud zu dünn geworden sein, wenn zum Beispiel die Früchte sehr wasserhaltig waren. Wenn erst sehr wenige Bläschen aufsteigen, können Sie den Sud und das Eingelegte noch einmal aufkochen und alles erneut abfüllen. Allerdings sollte der Inhalt dann bald verbraucht werden.

Zimtbirnen in Essig

DAS IST WICHTIG!

- Verwenden Sie stets frisches, einwandfreies Obst und Gemüse, angefaultes muss aussortiert werden.
- Die sorgfältige Reinigung aller Geräte und Gläser ist – wie immer – oberstes Prinzip.
- Zum Einlegen brauchen Sie Steinguttöpfe mit unbeschädigter Glasur, große Gläser (zum Zubinden oder mit Deckel) oder Gläser mit Schraubverschluss. Achten Sie bei Steinguttöpfen darauf, dass diese nicht mit Bleiglasuren versehen wurden.
- Verwenden Sie keine Geräte aus Aluminium, Kupfer oder Messing. Auch Kunststoff ist ungeeignet, da er oft nur bedingt säurebeständig ist. Gut geeignet sind Holz, Steingut, Glas oder Chromstahl.
- In Essig Konserviertes muss 4 bis 6 Wochen durchziehen. Kontrollieren Sie während dieser ersten Zeit, ob wirklich alles gut 1 bis 2 Finger breit mit dem Sud bedeckt ist. Sonst müssen Sie etwas Sud nachkochen oder Sie schütten noch etwas Essig (oder Öl) nach, damit dieser als konservierende Schicht über dem Eingelegten steht.
- Essiggemüse und -obst muss kühl, trocken und vor Licht geschützt aufbewahrt werden. So ist der Inhalt je nach Essigkonzentration 3 bis 12 Monate haltbar.
- Geöffnete Gläser im Kühlschrank aufbewahren.

ZUCKER- UND SALZZUSATZ

Viele Menschen fügen der Essiglösung viel Zucker, aber auch Salz zu, um dem sauren Geschmack entgegenzuwirken. Damit handeln sie sich vom ernährungsphysiologischen Standpunkt aus gesundheitliche Nachteile ein:

- Durch die Zuckerzugabe essen wir mehr in Essig konservierte Lebensmittel als unser natürliches Geschmacksempfinden normalerweise erlauben würde; geschmacklich neutralisiert der Zucker zwar die Säure, chemisch gesehen aber nicht.
- Zusätzlich handeln wir uns mit dem Zucker alle gesundheitlichen Nachteile ein, die dieses Kohlenhydrat im Stoffwechsel und Darm hervorruft.
- Essigsäure und Zucker wirken zusammen sehr kariesfördernd; beide greifen die Kalk- und Phosphatverbindungen im Zahnschmelz an.
- Generell essen wir sowieso zu viel Salz, das kann zu Bluthochdruck und Nierenschäden führen.
- Wer versucht, diese Nachteile durch eine schwächere Essiglösung zu umgehen, muss den Nachteil einer geringeren Haltbarkeitsdauer in Kauf nehmen. Ein zusätzliches Sterilisieren halte ich für wenig sinnvoll, da es zu Einbußen an Vitaminen, Enzymen und anderen wertvollen Inhaltsstoffen führt. Auch ein späteres Wässern der essigsauren Lebensmittel schwemmt in erster Linie wertvolle Mineralstoffe aus.

Würzessig ist Essig, der durch Zugabe von Kräutern, Gewürzen oder Früchten aromatisiert wurde. Dabei gehen die Aromen in den Essig über.

Beerenessig

500 g reife Beeren, zum Beispiel Johannis-, Blau-, Brom-, Him- oder/und Erdbeeren
½ Liter Weinessig

1 Die Beeren verlesen, nur einwandfreie Früchte verwenden, nicht waschen.
2 Die Früchte in ein sauberes Glasgefäß oder eine Flasche füllen und den Essig darübergießen. Das Gefäß verschließen und am besten auf eine sonnige Fensterbank stellen. Jeden Tag einmal hin und her bewegen.
3 Die Beeren etwa 14 Tage im Essig ziehen lassen. Dann den Inhalt durch ein sauberes Mulltuch gießen und den Essig in eine Flasche abfüllen. Kühl und dunkel aufbewahren.

Zitronenthymianessig

1 Bio-Zitrone
einige Zweige Zitronenthymian (oder Thymian und Zitronenmelisse)
½ Liter Weißweinessig

1 Die Zitrone heiß waschen, abtrocknen und sehr dünn schälen.
2 Die Kräuter, wenn möglich, am besten morgens pflücken und nicht waschen.
3 Beides in ein Glasgefäß geben und den Essig darüber gießen. Das Gefäß verschließen und den Essig etwa 3 Wochen ziehen lassen. Jeden Tag einmal hin und her bewegen.
4 Die Zitronenschale entfernen. Wer will, kann die Kräuter noch so lange im Essig lassen, wie sie bedeckt sind. Danach sollte man den Essig abfiltern. Kühl und dunkel aufbewahren.

Kräuteressig

je 4 Zweige Thymian, Minze, Rosmarin und Bohnenkraut
2 Zweige Estragon
1 kleines Stück Sellerie
1 Petersilie mit Wurzeln, Stengeln und Blättern
6 Schalotten
10 zerstoßene Pfefferkörner
1 Liter Essig nach Geschmack

1 Die Kräuter, wenn möglich, nicht waschen, sondern sorgfältig trocken tupfen.

2 Sellerie, Petersilie und Schalotten schälen und in dünne Scheiben schneiden.

3 Alles in ein Gefäß geben, den Essig darübergießen, verschließen und 2 bis 3 Wochen an einen warmen Ort stellen. Dabei ab und zu die Mischung mit einem Löffel gut durchrühren.

4 Danach die Kräuter abfiltern und den Essig in eine Flasche füllen. Verschließen und kühl und dunkel aufbewahren.

Dillessig

3 Zweige Dill (oder Estragon, Melisse, Salbei, Veilchenblüten usw.)
¾ Liter Essig

1 Den Dill waschen, trocken tupfen und in eine Flasche geben.

2 Den Essig darüber gießen und für etwa 2 bis 3 Wochen gut verschlossen kühl und dunkel stellen. Jeden Tag einmal hin und her bewegen.

3 Danach den Essig abfiltern und kühl und dunkel lagern.

ESSIGSAURES IN DER KÜCHE

Eine Kombination von essigsaurem Gemüse und Früchten mit Kartoffelgerichten, Milch und Milchprodukten sowie frischen Gemüse- und Blattsalaten ist empfehlenswert, da sie zusammen im Körper basisch wirken.

Gewürzgurken

2 kg kleine Einlegegurken
für jedes Glas 1 Stück Meerrettich und
1 Stück frische Ingwerwurzel
500 g Zwiebeln
2 EL Senfkörner
2 EL Pimentkörner
4 Lorbeerblätter
für jedes Glas 1 Zweig Estragon und
1 Dillblüte
1½ Liter Weinessig
4 EL Salz
3 EL Honig

1 Die Gurken unter fließendem Wasser gründlich abbürsten und abtrocknen. Meerrettich und Ingwer schälen und in Würfel schneiden. Die Zwiebeln schälen und in Ringe schneiden.

2 Die Gurken mit Meerrettich- und Ingwerstückchen, Zwiebelringen, Gewürzen und Kräutern in die sorgfältig gereinigten Gläser schichten.

3 Den Essig mit ¾ Liter Wasser, Salz und Honig aufkochen und die Gurken mit der heißen Flüssigkeit bedecken.

4 Am nächsten Tag die Flüssigkeit abgießen, erneut aufkochen und kochend heiß über die Gurken gießen. Dabei sollte die Flüssigkeit mindestens fingerbreit über den eingelegten Gurken stehen.

5 Die Gläser sofort verschließen und für mindestens 4 Wochen in einem kühlen, dunklen Keller stehen lassen. Gewürzgurken sind mindestens 6 Monate haltbar.

Zucchinigemüse

1 kg Zucchini
200 g Zwiebeln
4 Knoblauchzehen
je 1 Zweig Rosmarin, Thymian und Dill
1 Liter Weinessig
1 EL Salz
etwa 100 g Honig
1 TL Pfefferkörner
1 TL Pimentkörner
1 TL Koriander
1 TL Fenchel

1 Die Zucchini waschen und in etwa ½ cm dicke Scheiben schneiden.
2 Die Zwiebeln schälen und in Ringe schneiden, die Knoblauchzehen schälen und in Stücke schneiden.
3 Alles zusammen mit den gewaschenen Kräutern in Schraubgläser schichten.
4 Den Essig mit ½ Liter Wasser, Salz, Honig und den übrigen Gewürzen aufkochen und über die Zucchinischeiben gießen. Die Gläser abdecken.
5 Am nächsten Tag die Flüssigkeit abgießen, erneut aufkochen und kochend heiß über die Zucchini gießen.
6 Die Gläser sofort verschließen und dunkel und kühl lagern. Zucchinischeiben sind mindestens 8 Monate haltbar.

Mixed Pickles

1 mittelgroßen Blumenkohl
500 g Möhren
250 g grüne Bohnen
1 Stück Meerrettichwurzel
150 g Schalotten
¾ Liter Weinessig
50 g Salz
100 g Honig
3 Lorbeerblätter
20 Pfefferkörner
10 Pimentkörner

1 Den Blumenkohl putzen und in Röschen teilen. Die Möhren putzen und in Scheiben schneiden.
2 Die Bohnen putzen, waschen und gegebenenfalls einmal durchbrechen oder in Stückchen schneiden.
3 Das Gemüse in 1 Liter Wasser etwa 10 Minuten kochen. Danach durch ein Sieb gießen und die Flüssigkeit auffangen.
4 Den Meerrettich schälen und in Streifen schneiden. Mit dem Gemüse und den geschälten Schalotten in Gläser schichten.
5 Den Essig mit dem Gemüsewasser, Salz, Honig und den Gewürzen aufkochen und über das eingeschichtete Gemüse gießen. Die Gläser abdecken und für etwa 24 Stunden stehen lassen.
6 Am nächsten Tag die Flüssigkeit abgießen, noch einmal aufkochen und erneut über den Inhalt gießen.
7 Die Gläser jetzt sofort verschließen und kühl und dunkel aufbewahren.
8 Vor dem Verbrauch etwa 3 Wochen stehen lassen. Mixed Pickles halten sich 4 bis 6 Monate.

Kürbis süß-sauer

etwa 2 kg Kürbisfruchtfleisch
½ bis ¾ Liter Apfelessig
2 Stangen Zimt
10 Gewürznelken
Schale von 2 unbehandelten Zitronen
400 bis 500 g Honig

1 Das Kürbisfruchtfleisch in etwa 2 cm große Würfel schneiden.

2 Den Essig mit Zimt, Nelken und Zitronenschale aufkochen, über die Kürbiswürfel gießen und die Gläser abdecken.

3 Am nächsten Tag die Flüssigkeit in einen Topf abgießen und mit dem Honig aufkochen. Die Kürbiswürfel dazugeben und so lange kochen, bis sie glasig sind.

4 Den Kürbis mit dem Schaumlöffel herausnehmen, sofort in heiß ausgespülte Schraubgläser füllen. Den Sud rasch noch einmal zum Kochen bringen, darübergießen und die Gläser sofort verschließen.

Bauernschmaus

Für 5 Portionen

1 große Zwiebel
2 Lorbeerblätter
2 Nelken
125 ml Weißwein
750 ml Wasser
1 TL Pfefferkörner
1 Petersilienzweig
600 g Kassler
1 Stück Meerrettich
300 g Essiggemüse

1 Die Zwiebel schälen, halbieren und jede Hälfte mit einem Lorbeerblatt und einer Nelke spicken. Weißwein und Wasser aufkochen, Zwiebel, Pfefferkörner, Petersilienzweig und Kassler zugeben. Einmal aufkochen und bei kleiner Hitze 40 Minuten köcheln lassen.

2 Das Fleisch aus dem Sud nehmen, in Scheiben schneiden, auf die Teller geben und mit dem Sud übergießen. Darauf Meerrettich reiben und mit Essiggemüse und Kartoffelpüree servieren.

Forellenfilet italienisch

Für 4 Portionen

4 Forellenfilets
2 Eier
Semmelbrösel
Olivenöl
Salz
100 g Mayonnaise
1 kleine Essiggurke
Senf

1 Die Forellenfilets zuerst in verquirltem Ei, dann in den Semmelbröseln wälzen.

2 Die panierten Fischfilets in wenig Öl auf jeder Seite in ca. 2 Minuten goldbraun braten, salzen und auf Küchenpapier abtropfen lassen.

3 Den Fisch mit gut abgetropftem Essiggemüse (zum Beispiel Möhre, Spargel, Staudensellerie und Zuckerschote) servieren, mit Mayonnaise, gewürfelter Essiggurke und Senf garnieren.

CHUTNEY UND RELISH

Chutneys bestehen aus einer oder mehreren Obst- oder Gemüsearten. Ihre Schärfe erhalten sie durch Ingwer, Nelken, Chili, manchmal auch Zimt, die Süße durch Honig oder Zucker, Trockenfrüchte oder Obstdicksäfte und die Säure durch Essig. Man kann sie als pikant gewürzte Kompotte oder Marmeladen bezeichnen, sie werden als Beilage zu verschiedenen Gerichten gereicht.
Relishes bestehen aus fein geschnitzeltem, gekochtem Obst und Gemüse. Sie schmecken meist süß-sauer und werden zu Gegrilltem, Käse und als Brotaufstrich verwendet.Relishes bestehen aus fein geschnitzeltem, gekochtem Obst und Gemüse.

Apfelchutney

150 g ungeschwefelte Rosinen
1/8 Liter Obstessig
1 kg Äpfel
200 g Zwiebeln
etwa ¼ Liter Obstessig
½ TL Salz
1 TL Koriander
1 EL Senfkörner
2 TL gemahlenen Ingwer

1 Die Rosinen knapp bedeckt mit Essig etwa 1 bis 2 Stunden einweichen.
2 Die Äpfel schälen, das Kerngehäuse entfernen und die Äpfel in feine Spalten schneiden. Die Zwiebeln schälen und fein hacken.
3 Die Apfelspalten mit Zwiebeln und Essig etwa 10 Minuten weich dünsten.
4 Dann Rosinen und Gewürze hinzufügen und alles unter gelegentlichem Umrühren bei mäßiger Hitze weiterkochen, bis das Chutney dicklich wird.
5 In saubere Schraubgläser füllen, fest verschließen und kühl aufbewahren.

Zwetschgenchutney

100 g getrocknete Birnen oder Äpfel
200 g getrocknete Zwetschgen
¼ Liter Obstessig
200 g Zwiebeln
5 EL Honig
50 g ungeschwefelte Rosinen
½ TL Salz
1 TL Piment
1 EL Ingwer
1 Msp. Cayennepfeffer

1 Birnen und Zwetschgen sehr fein schneiden und in Obstessig etwa 2 Stunden quellen lassen.
2 Zusammen mit den fein gewürfelten, nach Geschmack vorher leicht glasig gedünsteten Zwiebeln, Honig und Rosinen aufkochen und unter ständigem Rühren zu einem dicken Mus kochen.
3 Mit den Gewürzen abschmecken, noch einmal aufkochen und sofort bis zum Rand in kleine, saubere Schraubgläser füllen. Diese fest verschließen. So hält sich das Chutney in einem kühlen Raum oder im Kühlschrank etwa 2 bis 3 Monate.

Zwiebelrelish

1 kg Zwiebeln
100 g grüne Paprikaschoten
300 g rote Paprikaschoten
3 EL Öl
knapp ⅛ Liter Weinessig
2 TL Salz
1 TL Paprikapulver
½ TL Piment
frisch gemahlenen Pfeffer

1 Die Zwiebeln schälen und grob würfeln. Die Paprikaschoten putzen und in feine Streifen schneiden.
2 Zwiebeln und Paprika im Öl andünsten. Mit Weinessig ablöschen, die Gewürze hinzufügen und alles bei leicht geöffnetem Deckel unter gelegentlichem Umrühren dicklich einkochen.
3 Noch einmal abschmecken, sofort in heiße Schraubgläser füllen und verschließen.

Tomatenketchup

500 g Zwiebeln
2,5 kg Suppentomaten
¼ Liter Essig
2 TL Thymian
2 Stengel Liebstöckel
1 Bund Petersilie, fein gehackt
4 EL Honig
1 TL Paprikapulver
frisch gemahlene Muskatnuss
3 Lorbeerblätter
1 TL Pfefferkörner
1 TL Nelken
1 TL Koriandersamen

1 Die Zwiebeln schälen und grob würfeln. Die Tomaten waschen und vierteln. Lorbeerblätter, Pfeffer, Nelken und Koriandersamen in ein Mullsäckchen geben.
2 Zwiebeln und Tomaten mit Essig, fein gehackten Kräutern und Gewürzen in einen breiten Topf geben. Alles etwa 30 Minuten kochen.
3 Das Mullsäckchen herausnehmen, die Tomatenmasse durch ein Sieb streichen und in einem Topf unter Rühren zu einer dicken Masse einkochen.
4 Sofort in Gläser mit Schraubverschluss füllen und fest verschließen.

Einlegen in Öl

Ohne Sauerstoff kein Bakterienwachstum

Das Öl verhindert, dass der Sauerstoff aus der Luft bis zum Eingelegten vordringen kann. Viele Mikroorganismen benötigen jedoch zum Vermehren Sauerstoff. In Öl können sie sich deshalb nicht entwickeln, so dass das Eingelegte haltbar bleibt und seinen Eigengeschmack bewahrt. Diese Methode des Haltbarmachens ist allerdings recht teuer.

DAS IST WICHTIG!

- Zum Einlegen verwendet man nur qualitativ hochwertige Öle.
- Damit sich keine Luftblasen im Öl bilden können, schüttet man zunächst etwas Öl in das gut gesäuberte Gefäß, schichtet dann das zerteilte, kurz gedünstete, aber wieder abgetropfte Gemüse oder die Kräuter ein und füllt nach und nach mit Öl auf.
- Das Füllgut muss immer gut mit Öl bedeckt sein.
- Die Gefäße an einem kühlen Ort aufbewahren.
- Um den Inhalt vor Staub zu schützen, das Gefäß gut verschließen, das Eingelegte kann aber ganz nach Bedarf nach und nach entnommen werden.
- Wenn das Füllgut entnommen wurde, kann man in das gleiche Öl erneut Gemüse einschichten oder das Öl in der Küche verwenden.

Getrocknete Kräuter in Öl: Gewürzöle

Gewürzöle entfalten in 2 bis 4 Wochen ihr volles Aroma. Dafür werden sie kühl und dunkel gelagert. Für Gewürzöle werden getrocknete Kräuter genommen – frische Kräuter müssen 2 Tage vorher zum Trocknen aufgehängt werden. Frische oder feuchte Kräuter können das Öl trüben.

Frische Kräuter in Öl

Hierfür eignen sich vor allem Petersilie, Schnittlauch, Estragon, Zitronenmelisse, Borretsch, Rosmarin, Pimpinelle und Liebstöckel. Die Kräuter werden möglichst nicht gewaschen, sehr fein geschnitten und lagenweise in Gläser gefüllt, dabei wird jede Lage mit Salz bestreut und mit Öl abgedeckt. Über der obersten Schicht sollte das Öl fingerdick stehen. Das Glas verschließen und kühl und dunkel aufbewahren. Das Öl ist etwa 3 Monate haltbar und eignet sich gut für Salatmarinaden.

Basilikumöl

1 Zweig getrocknetes Basilikum
1 Zweig getrockneter Lavendel
2 Blätter getrockneter Salbei
¾ Liter Sonnenblumenöl

Alles in einer verschlossenen Flasche 2 bis 4 Wochen ziehen lassen. Passt gut zu Salaten und zur mediterranen Küche.

Kräuteröl

2 Zweige getrockneter Thymian
1 Zweig getrockneter Rosmarin
1 Lorbeerblatt
2 getrocknete Chilischoten
2 Gewürznelken
¾ l Olivenöl

Alles in einer verschlossenen Flasche 2 bis 4 Wochen ziehen lassen. Passt gut zu pikanten Schmorgerichten.

Pesto

100 g Basilikum
40 g Pinienkerne oder Walnüsse
etwa ¼ Liter Olivenöl

1 Das Basilikum möglichst fein hacken und mit den fein gehackten Nüssen und dem Öl vermischen.
2 Anschließend in ein Glas füllen. Als oberste Schicht übergießt man den Inhalt etwa fingerdick mit Öl.
3 Das Pesto vor Gebrauch noch mit geriebenem Käse, Kräutersalz, frisch gemahlenem Pfeffer und einer zerdrückten Knoblauchzehe würzen.

Provenzalischer Käsetopf

½ Liter Öl, 150 g Feta, 1 Zwiebel
1 Zweig getrockneter Thymian
1 Zweig getrockneter Rosmarin
2 Lorbeerblätter
1 EL schwarze Pfefferkörner
1 EL weiße Pfefferkörner
4 Wacholderbeeren

1 Etwas Öl in ein Gefäß geben, Feta, in Ringe geschnittene Zwiebel, Kräuter und Gewürze einschichten, mit dem restlichen Öl begießen. Dabei muss die Oberfläche gut abgedeckt sein.
2 Das Glas gut verschließen und kühl stellen.

Tomaten in Öl

1 kg möglichst kleine Tomaten
5 Stiele Rosmarin
6 Zweige Zitronenthymian
6 Knoblauchzehen
1 Bio-Zitrone
50 ml Olivenöl, 2 TL Salz

1 Den Backofen auf 100 °C Umluft vorheizen. Die Tomaten halbieren und ca. 15 Minuten mit der Schnittfläche nach unten auf Küchenkrepp legen. Die Schale der Zitrone abreiben. Rosmarinnadeln und Thymianblättchen von den Stielen zupfen und fein hacken. Den Knoblauch zerdrücken. Alles mit Salz und Öl verrühren.
2 Die Tomaten auf einem mit Backpapier ausgelegten Backblech verteilen, mit der Ölmischung verrühren und ca. 1,5 bis 2 Stunden im Ofen (mittlere Schiene) trocknen lassen, die Backofentür dabei nicht ganz schließen (Holzlöffel einklemmen). Die Tomaten sollen angetrocknet, aber nicht zu hart sein. Heiß auf Gläser verteilen und mit Olivenöl aufgießen, bis der Inhalt vollständig bedeckt ist.

Einlegen in Alkohol

Auch Alkohol hat eine stark konservierende Wirkung. Es ist deshalb schon länger üblich, Früchte in Alkohol einzulegen, um sie später als Dessert zu verwenden. Dabei ist die Haltbarkeit dieser eingelegten Früchte ganz entscheidend vom jeweiligen Alkoholgehalt des verwendeten Schnapses oder Rums abhängig. Außerdem setzt man den eingelegten Früchten üblicherweise Zucker zu, um die konservierende Wirkung des Alkohols zu unterstützen.

REZEPTE

Rumtopf

Sie benötigen für 3 kg absolut einwandfreie Früchte:
2 Flaschen Rum à 0,7 Liter 54 Vol.-%, 750 g geschmacksneutralen Blütenhonig und 3 bis 5 EL reinen Alkohol 96 Vol.-% (erhältlich in Apotheken).

Am häufigsten praktiziert wird diese Methode beim Ansetzen eines Rumtopfs. Dabei garantiert der 54-Vol.-%-Rum eine lange Haltbarkeit. Außerdem harmoniert sein Aroma sehr gut mit Früchten aller Art. So werden im Laufe des Sommers nacheinander verschiedene Beeren und Früchte (ganz nach Geschmack) in einen Topf geschichtet und stets mit einer Lösung aus Rum und Honig begossen. Dabei müssen alle Früchte immer gut bedeckt sein. Am besten drückt man sie deshalb beim Einfüllen stets vorsichtig mit einem Löffel unter die Oberfläche, damit sie sich schnell mit der Rumlösung vollsaugen.

Wenn der Topf voll ist, gibt man zur Vorsicht einige Esslöffel reinen Alkohols auf die Oberfläche – auf diese Weise wird verhindert, dass der Inhalt zu gären beginnt. Anschließend wird der Topf am besten in einem kühlen Keller aufbewahrt und zum ersten Advent oder zu Weihnachten angebrochen.

Mirabellen in Alkohol

500 g Mirabellen
100 g Zucker
500 ml weißer Rum

1 Die Mirabellen putzen, waschen, trocken reiben.
2 Die Früchte mit Zucker in ein Glas geben und mit Alkohol auffüllen. Sofort verschließen und kühl und dunkel aufbewahren. Nach drei Tagen sind dir Früchte verzehrsbereit. Haltbarkeit ca. 2 Monate.

Einlegen in Salz

Das stark wasserbindende Salz entzieht dem Füllgut Wasser. Mit diesem Prozess wird (wie beim Trocknen) Schimmelpilzen und Fäulnisbakterien das zum Gedeihen nötige feuchte Milieu entzogen. Eingesalzene Lebensmittel können nicht faulen und sind ohne Erhitzen und Tiefgefrieren nahezu unbegrenzt haltbar.

Allerdings gibt es auch Nachteile: Eingesalzenes Gemüse muss vor seiner Verwendung gewässert werden, wobei ein großer Teil an Mineral-, Geschmacks- und wertvollen Inhaltsstoffen in das Wasser übergeht und damit verloren ist. Salz belastet Kreislauf und Herz durch seine wasserbindende Wirkung. Aus diesen Gründen eignen sich Kräuter oder in Scheiben geschnittene Wurzelgemüse für Suppen und Soßen zum Einlegen in Salz am besten. Sie werden dann später nur wie ein Würzmittel verwendet, und man braucht dann dem jeweiligen Gericht kein zusätzliches Salz zuzufügen.

Das ist wichtig!

- Als Faustregel gilt: ⅓ Gewichtsanteil Salz und ⅔ Gewichtsanteile Gemüse oder Kräuter
- Kräuter und Gemüse müssen gewaschen, abgetrocknet und sehr fein zerkleinert werden, damit das Salz gut eindringen kann. Man schichtet sie möglichst eng in ein Gefäß und bestreut dabei jede Schicht mit Salz.
- Die Gefäße müssen gut gereinigt und trocken sein.
- Der Inhalt kann nach und nach verbraucht werden. Allerdings sollte das Gefäß nach jeder Entnahme wieder verschlossen werden.
- Kräuter unbedingt vor Licht schützen.

REZEPTE

Kräuter für Soßen und Suppen

Es eignen sich Petersilie, Schnittlauch, Basilikum, Kerbel, Liebstöckel, Borretsch.

Die Kräuter einzeln oder gemischt einsalzen. Dafür werden sie gewaschen, sorgfältig abgetrocknet und sehr fein geschnitten. Anschließend schichtet (oder stampft) man sie in ein Gefäß dabei jede Lage mit Salz bestreuen.

Suppengrün für Eintöpfe und Suppen

Es eignen sich Sellerie, Möhren, Lauch, Petersilienwurzeln, Petersilie, Basilikum, Liebstöckel und Zwiebeln.

Alles Gemüse wird gewaschen, geputzt, wenn nötig geschält, in sehr feine Stücke geschnitten, gewogen und mit der entsprechenden Menge Salz (auf 100 g Gemüse kommen 50 g Salz) Gemüse vermischt. Man schichtet es in Gläser und bewahrt diese kühl und dunkel auf. Man kann die Mischung vorher kurz in Öl andünsten. **Für die spätere Verwendung rechnet man etwa 1 TL Suppengrün auf ½ l Wasser.**

In südlichen Ländern werden Zitronen in Salz eingelegt.

ENTSAFTEN

SIND SÄFTE GESUND?

Die Werbung für Säfte sagt uns, dass Obst- und Gemüsesäfte etwas sehr Gesundes sind. Besonders betont wird dabei immer der hoher Vitamingehalt, dem eine enorme gesundheitsfördernde Wirkung zugeschrieben wird. Dies ist nur zum Teil richtig: Säfte enthalten tatsächlich Vitamine in großen Mengen, besonders wasserlösliche. Nur wer sich einmal überlegt, auf welche Weise Säfte hergestellt werden, erkennt sehr schnell, dass es sich dabei nicht um ein vollwertiges Lebensmittel handelt: Wertvolle biologische Wirkstoffe und vor allem die für die Verdauung so wichtigen Ballaststoffe bleiben im Trester, dem festen Rückstand, zurück. Dabei spielt es keine Rolle, welche Methode der Saftzubereitung gewählt wird.

Saft – und was man darüber wissen sollte

Es ist nicht so, dass man gesünder wird, je mehr Säfte man trinkt. Denn viel hilft in diesem Fall nicht viel. Der Körper kann nur ein bestimmtes Quantum an **Vitaminen** verwerten. Wasserlöslichen Vitamine können zum Teil gar nicht vom Körper aufgenommen werden, sind also nutzlos, manchmal sogar schädlich, wenn nicht gleichzeitig Vitamine einer anderen Vitamingruppe zugeführt werden. Außerdem kann übermäßiges Trinken von Säften zu Unverträglichkeiten mit anderer Kost (Vollkorn und Frischkost) und zu Unwohlsein führen.
Das liegt daran, dass Sie bei großem Durst ohne weiteres den Saft von einem Kilogramm Äpfel trinken könnten. Wäre es aber auch möglich, auf einmal ein Kilogramm Äpfel zu essen? Hier würde die natürliche Essbremse einsetzen, denn man müsste Stück für Stück abbeißen und kauen. Dieser für alle Verdauungsprozesse wichtige vorbereitende Vorgang fehlt beim Trinken. Ihr Magen wird mit großen Mengen an Nährstoffen, besonders an **Zucker**, überschüttet, der dann sehr schnell – meist schubweise – ins Blut übergeht. Ein rasches Ansteigen des **Blutzuckerspiegels** ist die Folge.
Gesunde werden mit diesen Schwankungen meist fertig, aber Kranke erreichen oft statt einer Besserung eine Verschlechterung ihres Befindens. So liegt es auf der Hand, dass Säfte keineswegs frisches Obst und Gemüse ersetzen können, zumal sie ja meistens auch pasteurisiert, also erhitzt, getrunken werden. Bei diesem Prozess des Haltbarmachens leiden sowohl hitzeempfindliche Vitamine als auch Eiweiß und andere Pflanzeninhaltsstoffe.
Ich möchte Sie jedoch nicht dazu anhalten, nun gar keine Säfte mehr herzustellen. Sie sollten sie allerdings mit Bedacht trinken. Reine Säfte sind keine Durstlöscher. Zum Trinken sollten sie mit Wasser verdünnt werden. Große Mengen vor und zum Essen, blockieren außerdem den Appetit.

Trotzdem lohnt sich die Saftherstellung! Oft wäre ohne Saftgewinnung eine große Beeren-, Birnen- oder Apfelernte gar nicht zu bewältigen. Selbst gemachten Säfte sind auch eine gute Alternative zu gekauften Fruchtsäften und Limonaden mit viel Zucker und künstlichen Farb-, Aroma- und Konservierungsstoffen oder den Cola-Getränken. Auch immer mehr Erwachsene bevorzugen bei Geselligkeiten

Säfte, zum Beispiel auch als erfrischende Bowle im Sommer und als wärmenden Fruchtpunsch oder -grog im Winter. Darüber hinaus kann man Säfte auch in der Küche verwenden: als Fruchtsoße, Fruchtsuppe oder Bestandteil eines leckeren Nachtisches.

Säfte in der **Säuglingsernährung** (hier sind frisches Obst und Gemüse zunächst noch keine Alternative), Säfte als **Arzneimittel** oder bei einer **Fastenkur** haben nicht die negativen Wirkungen, denn in diesen Fällen werden sie nie in großen Mengen getrunken, sondern löffelweise bedächtig geschluckt.

Der Vollständigkeit halber seinen an dieser Stelle auch noch die Smoothies aus Obst, Gemüse, Blattsalaten und Kräutern erwähnt. Bei einem **Smoothie** werden die Zutaten nicht entsaftet, sondern quasi zerkleinert bzw. in einem Mixer püriert. So ist ein Smoothie wesentlich dickflüssiger als ein Saft. Alle Inhaltsstoffe bleiben erhalten, insbesondere die wertvollen Ballaststoffe mit ihren sekundären Pflanzenstoffen, die beim Entsaften im Trester mehr oder weniger zurück bleiben.

Kalt entsaften

Aus vielen saftreichen Früchten und Gemüsesorten sowie Kräutern lassen sich Säfte herstellen. Besonders schonend ist das Kaltentsaften. Hier stelle ich Ihnen drei Methoden vor.

1. DIE TUCHMETHODE

Diese Methode ist ohne besondere Hilfsmittel möglich. Zunächst werden die Früchte zerkleinert, am nächsten Tag wird der Saft abgelassen.

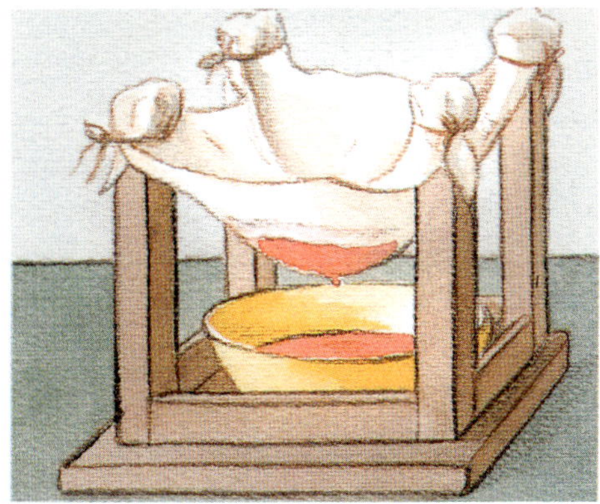

Mit Zucker: Hierfür werden die Früchte zerkleinert (zum Beispiel Äpfel oder Birnen) oder zerdrückt (zum Beispiel Johannisbeeren). Dann bestreut man sie mit Zucker und lässt sie am besten über Nacht in einem kühlen Raum stehen.

Ohne Zucker: Dies Verfahren gelingt auch ohne Zucker, wenn man den Fruchtbrei mit einer Lösung aus Weinstein-oder Zitronensäure (15 bis 20 g auf 1 Liter Wasser) ziehen lässt. Am nächsten Tag spannen Sie ein dünnes, kalt ausgespültes Baumwolltuch über die vier Beine eines umgedrehten Hockers, schütten den Obstbrei darauf und lassen den Saft durch das Tuch ablaufen. Eine untergestellte Schüssel fängt ihn auf.

Wer Säfte ohne Zusätze herstellen will, kocht die Früchte vorher in sehr wenig Wasser weich und lässt sie stehen. Bei diesem Verfahren müssen Sie dann allerdings Verluste, besonders an hitzeempfindlichen Vitaminen, in Kauf nehmen. Auch geschmacklich sind große Unterschiede zu spüren.

2. HANDBETRIEBENE SAFTPRESSEN, KORBPRESSEN, MOSTEREIEN

Handpressen für den Haushalt und Korbpressen sowie Mostereien werden mechanisch betrieben, dabei können letztere auch größere Mengen problemlos verarbeiten. Das eingefüllte Obst wird durch immer enger werdende Schneckengänge zerkleinert, schließlich gepresst und durch Siebe mit verschieden großer Lochstärke gegeben. Ihre Arbeitsweise kann man mit einer Zentrifuge vergleichen. Der ausgepresste Saft enthält noch Teile des Fruchtmarks, ist somit auf jeden Fall trüb, manchmal sogar flockig.
In Gegenden mit vielen Streuobstwiesen, in denen jedes Jahr zentnerweise Äpfel und Birnen anfallen, die nicht lagerfähig sind, gibt es Mostereien. Hier kann man sein Obst anliefern und nimmt den Saft in Fässern mit nach Hause.

Hydraulische Saftpresse der Firma Rink.

3. ELEKTRISCHE ENTSAFTER

Frisch gepresste Obst- und Gemüsesäfte sind eine gute Alternative zu industriell hergestellten pasteurisierten Säften, bleiben doch viele wertvolle Inhaltsstoffe darin erhalten. Da kann ein elektrischer Entsafter praktisch sein. Beim Kauf hat man die Wahl zwischen zwei Möglichkeiten. Während manche Handhabung und Schnelligkeit der gängigen elektrischen Entsafter bevorzugen, schätzen gesundheitsbewusste Saftliebhaber die Slow Juicer.
Gängige elektrische Entsafter sind in der Regel **Zentrifugalentsafter**, die mit einer Leistung zwischen 600 und 1500 Watt und 15 000 Umdrehungen pro Minute Obst und Gemüse zunächst mit einem Messer zerkleinern und dann den Saft aus dem Pressgut quasi herausschleudern. Der Trester bleibt in einem dafür vorgesehenen Behälter zurück. Gräser, Kräuter und Blattgemüse können mit ihm nicht verarbeitet werden.
Slow Juicer funktioniert anders, sie ähneln eher einer Handpresse. Sie haben zwischen 200 und 1400 Watt und eine sehr geringe Umdrehungszahl in der Minute, bei guten Geräten liegt

sie bei 100. Dadurch wird der Saft von Obst und Gemüse quasi „kalt gepresst", durch die geringe Umdrehungszahl entsteht kaum Hitze, bei der Enzyme und sekundäre Pflanzenstoffe oxidieren, also zerstört werden. Vitamine, Antioxidantien und viele Ballaststoffe bleiben erhalten, die Saftausbeute ist größer. Allerdings dauert der Pressvorgang wesentlich länger als bei einem Zentrifugalentsafter und es lassen sich nur kleinere Mengen auf einmal herstellen, da Slow Juicer meist nach 30 Minuten eine Pause brauchen, um wieder vollständig abzukühlen. Zudem sind Slow Juicer teurer als gängige elektrische Entsafter.

Kalt gepresste Säfte haltbar machen

Frisch gepresste Säfte sind leider nicht lange haltbar, sondern fangen sehr schnell an zu gären. Will man sie längere Zeit aufbewahren, muss man sie pasteurisieren. Sie können dabei zwischen zwei Möglichkeiten wählen.

1. DEN SAFT IM TOPF ERHITZEN:

- Erhitzen Sie den Saft in einem Topf auf 75 °C – dabei unbedingt ein Thermometer verwenden.
- Damit der Saft sich gleichmäßig erwärmt, müssen Sie ihn ab und zu umrühren.
- Sobald die Temperatur erreicht ist, füllen Sie ihn mit Hilfe eines Trichters in saubere, vorgewärmte Flaschen.
- Dabei müssen die Flaschen randvoll sein, damit keine Luft mehr eindringen kann.
- Anschließend werden sie sofort mit Schraubverschlüssen oder ausgekochten Gummikappen verschlossen. Danach lässt man sie langsam abkühlen.
- Die Säfte kühl, trocken und vor Licht geschützt aufbewahren.

2. DEN SAFT IN FLASCHEN ERHITZEN:

- Hierfür füllen Sie den kalten Saft bis etwa 2 bis 3 cm unter den Rand in Flaschen.
- Stellen Sie die Flaschen in einen großen Topf im Wasserbad, in einen speziellen Einmachtopf oder in der mit Wasser gefüllten Fettpfanne des Backofens
- Erhitzen Sie den Saft auf 75 °C, messen Sie die Temperatur des Saftes mit einem langen Thermometer in den Flaschen.
- Sobald diese 75 °C beträgt, werden die Flaschen herausgenommen. Der Saft müsste sich jetzt infolge der Erwärmung bis zum Rand ausgedehnt haben (sollte dies nicht ganz der Fall sein, füllt man bis zum Rand mit kochendem Wasser auf).
- Danach die Flaschen sofort verschließen und langsam abkühlen lassen.
- Die Säfte kühl, trocken und vor Licht geschützt aufbewahren.

Mit Wärme entsaften: Dampfentsafter

Dampfentsafter sind Spezialtöpfe, die man schon lange im Haushalt verwendet. Mit ihnen kann man größere Mengen (bis zu 5 kg) auf einmal entsaften und gleichzeitig pasteurisieren.

Ein Dampfentsafter besteht aus drei Teilen: dem Wassertopf, dem Fruchtsieb und dem Saftabzapftopf.

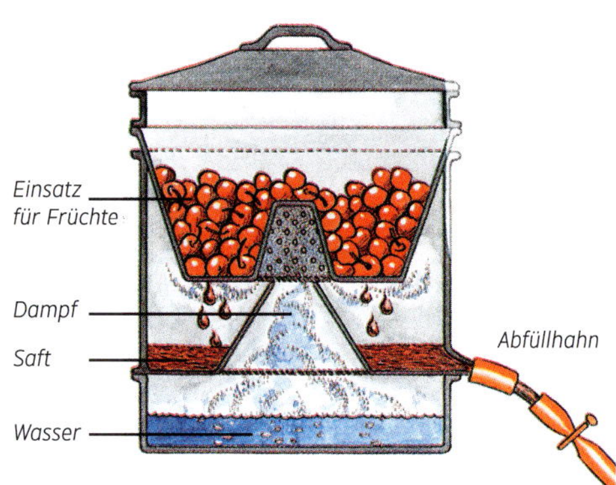

Dampfentsafter im Querschnitt

DAS IST WICHTIG!

- Zum Entsaften brauchen Beeren nicht entstielt und Steinobst nicht entsteint zu werden, Kernobst wird mitsamt Schale und Kerngehäuse etwas zerkleinert.
- Wurzelgemüse wird zum Entsaften grob geraspelt.
- Es ist nicht nötig, das Obst mit Zucker zu bestreuen – weder für die Haltbarkeit noch für die Saftausbeute. Fruchtsäfte ohne Zucker schmecken viel aromatischer. Außerdem können Sie diese immer noch bei Bedarf später, wenn man sie trinkt oder verarbeitet, mit Honig süßen.
- Lassen Sie die gefüllten Flaschen langsam abkühlen. Dazu stellen Sie sie auf ein Holzbrett oder Rost und bedeckt sie mit einem Tuch, um sie vor Licht zu schützen.
- Lassen Sie Flaschen mit Gummiverschluss noch ein paar Tage im Warmen stehen, damit auch dieser Verschluss gut trocknen kann.
- Die Flaschen mit dem Saft kühl, trocken und geschützt vor Lichteinfall aufbewahren.
- Während der nächsten Wochen ist eine regelmäßige Kontrolle empfehlenswert.
- Wenn der Saft schimmelt, können Sie ihn nicht mehr verwenden. Es liegt allein daran, dass Sie die Flaschen nicht gründlich genug gereinigt oder die Temperatur beim Pasteurisieren nicht exakt eingehalten haben. Hier hilft nur genaues, sauberes und schnelles Arbeiten.

DAMPFENTSAFTUNG: DAUER BEI VERSCHIEDENEN OBSTSORTEN

Frucht	Entsaftungszeit in Minuten
Äpfel	60 bis 70
Aprikosen	45 bis 60
Birnen	60 bis 75
Brombeeren	30 bis 45
Erdbeeren	30
Himbeeren	30
Holunderbeeren	30 bis 45
Johannisbeeren	45
Kirschen	45
Pflaumen	45
Quitten	60 bis 75
Rhabarber	30 bis 45
Stachelbeeren	45

Flaschen vorbereiten

- Sammeln Sie für Ihre Säfte alte Flaschen: Flaschen mit Bügelverschluss schließen absolut dicht.
- Flaschen mit Schraubverschluss eignen sich auch ausgezeichnet – allerdings muss dieser unversehrt sein.
- Alte Weinflaschen werden mit Gummikappen verschlossen.
- Weichen Sie die alten Flaschen für 12 bis 24 Stunden in Wasser ein. Reinigen Sie sie dann sehr gründlich mit einer Flaschenbürste und einem Spülmittel. Anschließend sollten sie sorgfältig mit viel klarem Wasser nachgespült und auf dem Kopf stehend getrocknet werden.
- Vor dem Einfüllen des Saftes erwärmt man sie am besten 10 Minuten im Backofen bei 100 °C.
- Verschmutzte Gummikappen und Ringe von Bügelverschlüssen kocht man am besten in Salzwasser aus und spült sie in kochendem Wasser nach.

Flaschen vor dem Füllen 10 Minuten bei 100 °C erhitzen.

Kirschsaft

Für ca. 1,5 bis 2 Liter Saft
3 bis 4 kg Kirschen, mit Kern

1 Das Fruchtsieb des Dampfentsafters mit den gewaschenen Kirschen füllen.
2 Das Fruchtsieb in den Saftabzapftopf setzen. Achten Sie dabei darauf, dass das Röhrchen zum Saftabzapfen mit dem darauf sitzenden Gummischlauch und der dazugehörigen Klemme fest verschlossen ist.

3 Durch den Wasserdampf werden die Früchte auf etwa 80 °C erhitzt. Sie geben Saft ab, der sofort im Saftabzapftopf pasteurisiert wird. Durch das Glasröhrchen kann man genau beobachten, in welchem Moment der erste Saft da ist.

4 Eine saubere, vorgewärmte Flasche in eine Schüssel stellen und den Saft einlaufen lassen. Dabei darf kein Schaum mehr im Flaschenhals stehen, er muss randvoll gefüllt werden. Lassen Sie also lieber den Saft etwas überlaufen und wischen den Hals dann sauber ab.

5 Die Flasche sofort mit Gummikappe, Schraub- oder Bügelverschluss verschließen. Auf diese Weise wird eine Flasche nach der anderen abgefüllt. Langsam abkühlen lassen.

Rote-Bete-Saft

Für 1 Liter Saft
1½ kg rote Bete

1 Die roten Beten unter fließendem Wasser waschen, bürsten, aber nicht schälen.
2 In der Küchenmaschine grob raspeln und in das Fruchtsieb des Dampfentsafters gegeben.
3 Etwa 60 Minuten kochen, dann den Saft in Flaschen abfüllen.

Tomatensaft

Für ca. 1 Liter Saft
2½ kg Tomaten
250 g Zwiebeln
3 Bund Petersilie
1 Prise Pfeffer
1 Prise Salz

1 Die Tomaten waschen, abtrocknen und vierteln.
2 Zusammen mit einigen grob gewürfelten Zwiebeln, grob geschnittener Petersilie, Salz und Pfeffer in das Fruchtsieb des Dampfentsafters geben.
3 Etwa 45 bis 60 Minuten erhitzen. Dann den Saft in Flaschen abfüllen.

Vierfruchtsaft

Für ca. 2,5 Liter
2 kg rote Johannisbeeren
1½ kg Kirschen
500 g schwarze Johannisbeeren
1 kg Him- oder Erdbeeren

1 Die Früchte in das Fruchtsieb des Dampfentsafters füllen. 30 bis 45 Minuten erhitzen. Dann in Flaschen abfüllen

Holunderbeersaft

Für ca. 4 Liter Saft
4 kg Holunderbeeren

1 Die Holunderbeeren waschen und mit einer Gabel von den Stielen streifen.
2 In das Fruchtsieb des Dampfentsafters geben.
3 Etwa 30 bis 45 Minuten erhitzen. Dann den Saft in Flaschen abfüllen.

Holunderbeer-Apfelsaft

Für ca. 4 Liter Saft
2 kg Holunderbeeren
2 kg Äpfel

1 Beeren und Äpfel waschen. Die Holunderbeeren mit einer Gabel von den Stielen streifen, die Äpfel grob zerkleinern.
2 Die Früchte in das Fruchtsieb des Dampfentsafters geben.
3 Etwa 30 bis 45 Minuten erhitzen. Dann den Saft in Flaschen abfüllen.

Quittensaft

Quitten können gut mit Birnen, Äpfeln oder/und Holunderbeeren gemischt werden. Gekühlter Quittensaft mit Eiswürfeln und (Mineral-)Wasser ist ein erfrischendes Getränk im Sommer.

Für ca. ⅕ Liter Saft
ca. 1 kg Quitten

1 Die Quitten mit einem Tuch gründlich abreiben, nicht schälen, aber zerteilen.
2 Im Dampfentsafter ca. 60 bis 75 Minuten erhitzen, dann den Saft abfüllen.

Schlehensaft

Schlehen erst nach dem ersten Frost pflücken, dann sind sie weniger herb.

Für ca. 1 Liter Saft
ca. 750 g Schlehen

1 Die Schlehen verlesen, gut waschen und abgetropft in einen Topf geben.
2 Kochendes Wasser darübergeben, bis die Schlehen vollständig bedeckt sind.
3 So mindestens einen Tag stehen lassen.
4 Den Saft abgießen, noch einmal aufkochen und wieder über die Schlehen gießen.
5 In einem kühlen Raum stehen lassen und den ganzen Vorgang am nächsten und übernächsten Tag wiederholen.
6 Den Saft am besten durch ein Mulltuch abgießen, aufkochen und sofort in vorgewärmte kleine Flaschen füllen und diese sofort verschließen.

Apfelsaft-Kiwi-Drink

1 Kiwi
evtl. 1 TL Honig
150 ml Apfelsaft
150 ml Wasser mit Sprudel
evtl. Eiswürfel

Die Kiwi schälen, mit Honig und Apfelsaft pürieren und in Glas geben. Mit Wasser auffüllen. Wer mag, gibt Eiswürfel ins leere Glas und füllt den Saft darauf.

Apfelsaft-Grenadine-Cocktail

250 ml Apfelsaft
40 ml Zitronensaft
20 ml Grenadine
Eiswürfel

Apfel-, Zitronensaft und Grenadine vermischen (evtl. im Shaker), in Gläser geben und nach Belieben zerstoßenes Eis zugeben.

Apfel-Möhren-Drink

100 ml Buttermilch
100 ml Apfelsaft
40 ml Möhrensaft

Alle Zutaten kräftig miteinander verrühren.

Apfel spezial

100 ml Apfelsaft
50 ml Möhrensaft
50 ml Selleriesaft

Alle Zutaten kräftig miteinander verrühren.

Cremiger Fruchtcocktail

300 ml Ananassaft
300 ml Kirschsaft
300 ml Kokosmilch
evtl. Eiswürfel

Alle Zutaten gut miteinander verrühren (oder shaken) und in Gläser füllen. Wer mag, bibt vorher noch Eiswürfel in die Gläser.

Aprikosen-Cocktail

60 ml Aprikosensaft
10 ml Orangensaft
10 ml Zitronensaft
100 ml Wasser mit Sprudel
Eiswürfel

Die drei Säfte mit Eiswürfeln in den Shaker geben und kräftig schütteln. Weitere Eiswürfel ins Glas geben, die Saftmischung daraufgießen und mit Wasser auffüllen.

Teepunsch

2 bis 3 unbehandelte Orangen
1 unbehandelte Zitrone
1 unbehandelte Grapefruit
6 TL fermentierte Brombeerblätter
1 Liter Wasser
¾ Liter Fruchtsaft: Apfelsaft, frisch gepresster Orangensaft oder Quittensaft
2 bis 4 EL Honig
etwas Zitronensaft

1 Orangen und Zitrone mit einem Messer spiralförmig, die Grapefruit wie gewohnt schälen. Anschließend die weiße Haut der Orangen entfernen und Orangen- und Grapefruitspalten in Würfel schneiden.
2 Die Fruchtwürfel mit Zitronen- und Orangenschale in ein feuerfestes Gefäß geben.
3 Aus den Brombeerblättern einen Tee kochen, 10 Minuten ziehen lassen, durch ein Sieb abgießen und zusammen mit dem frisch gepressten Orangensaft oder einem anderen Fruchtsaft über die Fruchtwürfel gießen. Mit Honig und Zitronensaft abschmecken und heiß servieren.

Schnelle grüne Grütze

Die Grütze schmeckt auch mit einem Vierfruchtsaft oder nur mit einem Beerensaft.

¾ Liter Apfelsaft
¼ TL Vanille
1 EL Honig
1 EL Zitronensaft
1½ TL Agar-Agar
2 Kiwi oder 250 g Weintrauben

1 Den Apfelsaft mit Vanille, Honig, Zitronensaft und Agar-Agar verrühren und langsam auf etwa 70 °C erhitzen.
2 Die Kiwi schälen, in dünne Scheiben schneiden und in eine Glasschüssel legen. Die Weintrauben halbieren und entkernen.
3 Die Apfelsaftmischung vorsichtig dazugießen und langsam erkalten lassen. Der Saft wird vollständig fest, wenn er kalt geworden ist.
4 Gut gekühlt mit Vanillesauce servieren.

Obstbowle

Die Bowle schmeckt auch mit Apfelsaft und Apfelstückchen, Traubensaft und halbierten Trauben.

½ Liter Wasser
4 TL Malven oder Hagebutten
1 bis 2 EL Honig
Zitronensaft
Schale von einer unbehandelten Zitrone
½ Liter Erdbeersaft
250 g Erdbeeren
Eiswürfel

1 Aus Wasser und Malven einen Tee zubereiten, 10 Minuten ziehen lassen, durch ein Sieb abgießen und mit Honig und Zitronensaft abschmecken.

2 In ein Serviergefäß geben, die Zitronenschale hinzufügen und gekühlt ziehen lassen.

3 Die Erdbeeren, waschen, putzen halbieren. Vor dem Servieren Erdbeersaft, Erbbeerhälften und Eiswürfel hinzufügen.

Holunderbeersuppe

2 Birnen
2 Äpfel
etwa ¾ Liter Holunderbeersaft
¼ bis ½ Liter Wasser
2 Nelken
Saft einer halben Zitrone
1 TL Zimt
2 EL Honig, nach Geschmack auch mehr

1 Birnen und Äpfel schälen, vom Kerngehäuse befreien und in Würfel oder dünne Spalten schneiden.

2 Mit Wasser und Nelken zum Holundersaft geben und vorsichtig darin glasig dünsten.

3 Mit Honig, Zimt und Zitronensaft abschmecken und sofort heiß servieren. Dazu schmecken süße Hirse- oder Maisklößchen sehr gut.

PASTEURISIEREN, STERILISIEREN, EINMACHEN

HALTBARMACHUNG DURCH HITZE

Erst seit gut 140 Jahren werden Lebensmittel im Haushalt durch Hitze haltbar gemacht. Entscheidend für den Erfolg der Konservierung ist allein die richtige Hitzeeinwirkung und die Dichtigkeit der Gläser. Zucker und Salz, die oft hinzugefügt werden, haben keinen Einfluss auf die Haltbarkeit.

Konservieren durch Hitze

Bei dieser Art der Konservierung werden drei Methoden unterschieden, das schonendere Pasteurisieren (bei rund 75 °C) und das zu größeren Qualitätsverlusten führende Sterilisieren (100 °C und mehr). Das Heißeinfüllen ist ein Kurzzeitsterilisieren (100 °C, aber nur für ca. 2 Minuten) und daher schonender zu den Inhaltsstoffen.

Pasteurisieren

Pasteurisiert werden hauptsächlich Säfte, Milch und Bier. Dabei erhitzt man diese Produkte nur kurze Zeit auf Temperaturen um 75 °C. Der Vorteil: Die meisten Mikroorganismen wie Hefe- und Schimmelpilze werden dadurch schon abgetötet, Farbe, Aromastoffe und wertvolle Vitamine bleiben aber besser erhalten als bei höheren Temperaturen und längerer Erhitzungsdauer.

Sterilisieren

Beim Sterilisieren werden für mindestens 20 Minuten Temperaturen bis zu 100 °C (und mehr) erreicht. Damit werden sämtliche Mikroorganismen einschließlich ihrer Dauerformen (Sporen) abgetötet. Durch die relativ lange und hohe Hitzeeinwirkung werden aber auch viele Vitamine und Aromastoffe zerstört, Geschmack und Nährstoffgehalt verändern sich zum Teil. Im Haushalt wird diese Konservierungsart landläufig als **Einmachen** oder **Einkochen** bezeichnet; die Industrie hat diese Methode bei der Konservenherstellung übernommen.

Der entscheidende **Nachteil** des Sterilisierens ist der Verlust an Vitaminen und Mineralstoffen, sowie die Veränderung des Geschmacks, der Textur und des Nährwerts. Man sollte sich also sehr genau überlegen, ob nicht eine schonendere Konservierungsart für das jeweilige Obst und Gemüse zur Verfügung steht und, wenn möglich, dem Pasteurisieren oder Heißeinfüllen den Vorzug geben.

Der **Vorteil** des Sterilisierens liegt – neben der langen Haltbarkeit – vor allem darin, dass das Füllgut sofort zum Verzehr oder zur Weiterverarbeitung zur Verfügung steht.

Heißeinfüllen

Eine schonendere Form des Sterilisierens ist das Heißeinfüllen. Hierbei kochen Obst und Gemüse in Wasser, werden also auch auf 100 °C erhitzt, aber nur für 2 Minuten. Wegen dieser Kurzzeiterhitzung kann das Heißeinfüllen mit dem Pasteurisieren verglichen werden.

Heißeinfüllen

Das Heißeinfüllen ist eine schnelle und sichere Methode. Da auch nur ein einzelnes Glas ohne Mühe und besondere Hilfsmittel konserviert werden kann, eignet sie sich auch sehr gut für kleine Haushalte.

FÜR DAS HEISSEINFÜLLEN GEEIGNETE OBSTSORTEN

Obstsorte	Vorbereitung
Äpfel	geschält, entkernt, in Spalten
Aprikosen	entsteint und halbiert
Birnen	geschält, entkernt und geviertelt
Mirabellen	ganz, mit Steinen
Pfirsiche	halbiert, entsteint, geviertelt
Renekloden	mit und ohne Stein, ganz oder halbiert
Rhabarber	in Stücke geschnitten
Sauerkirschen	mit und ohne Stein
Süßkirschen	mit und ohne Stein
Zwetschgen	mit und ohne Stein, ganz oder halbiert

DAS IST WICHTIG!

- Wichtig ist sauberes und schnelles Arbeiten. Zur Sicherheit kann man 1 Esslöffel Rum (54 Vol.-%) in den Glasdeckel gießen. Den Rum anzünden, den Deckel mit dem brennenden Rum aufs Glas stülpen, fest verschließen.
- Verwenden Sie unbedingt einen Trichter, damit die Ränder nicht verschmutzen und Sie zügig arbeiten können.
- Nach dem Heißeinfüllen die Gläser langsam abkühlen. Dafür stellt man sie heiß auf ein Tuch. Bei Schraubgläsern zieht man den Deckel nach und stellt sie für einige Minuten auf den Kopf, damit sich ein Vakuum bilden kann.
- Die Gläser bedeckt man mit Tüchern und schützt sie vor Zugluft und Licht. Erst nach dem völligen Abkühlen nimmt man die Klammern ab und prüft, ob der Deckel fest auf dem Rand sitzt und keine Blasen aufsteigen. Bei Gläsern mit Schraubdeckel sollten sich in der Mitte des Deckels eine leichte Mulde zeigen.
- Man lässt die Gläser noch einen Tag im Warmen stehen, damit auch die Gummiringe gut trocknen können.
- Kühl, trocken und vor Licht geschützt lagern. Während der ersten Wochen ist eine regelmäßige Kontrolle empfehlenswert, damit nicht geschlossene Gläser möglichst bald verbraucht werden können.

Zwetschgen

Für ein 1-Liter-Glas

50 g Honig
½ Liter Wasser
1 Vanilleschote
1 Zimtstange
750 bis 900 g Zwetschgen, nur einwandfreie Früchte

Für ein 1-Liter-Glas benötigen Sie etwa 750 bis 900 g Früchte und etwa 400 Milliliter Flüssigkeit zum Zufüllen. Dafür können Sie Wasser, Fruchtsaft oder eine Honiglösung (auf 1 Liter Wasser 100 g Honig) nehmen und alles nach Geschmack mit Gewürzen wie Zimt, Vanille, Ingwer, Nelken und Orangen verfeinern.

1 Sowohl der Deckel als auch das Glas müssen auf etwa 70 °C vorgewärmt werden. Dies erreicht man am besten, wenn das mit heißem Wasser gefüllte Einmachglas in einem heißen Wasserbad steht. Unmittelbar vor dem Einfüllen leert man das Glas und füllt die Früchte in das im Wasserbad stehende Einmachglas. So treten die geringsten Wärmeverluste auf.

2 Honig und Wasser mit den Gewürzen in einem ausreichend großen Topf erhitzen.

3 Die gewaschenen und entsteinten Zwetschgen in die kochende Flüssigkeit geben und etwa 2 Minuten kochen.

4 Die Früchte mit einem Schaumlöffel in das heiße Einmachglas bis etwa 2 cm unter den Rand füllen.

5 Die Honiglösung noch einmal aufkochen und schnell über die Früchte gießen. Dabei sollte das Glas nahezu randvoll werden.

6 Das Glas schnell mit Gummiring, Deckel und Klammer verschließen, Schraubgläser zudrehen.

Omas Apfelkompott

½ Liter Wasser oder Apfelsaft
50 g Honig
50 g Ingwerwurzel
Saft von einer Zitrone
Schale von einer unbehandelten Zitrone
1 Zimtstange
etwa 1 kg säuerliche Äpfel
Rosinen nach Geschmack

1 Wasser oder Apfelsaft mit Honig, geschälter und geriebener Ingwerwurzel, Zitronensaft, Zitronenschale und Zimtstange aufkochen.
2 Die geschälten und in Spalten geschnittenen Äpfel sowie die Rosinen hinzufügen und 2 bis 3 Minuten kochen lassen, mit einem Schaumlöffel herausnehmen und in das Glas schichten.
3 Zitronenschale und Zimtstange aus der Flüssigkeit nehmen, diese noch einmal aufkochen und über die Apfelscheiben gießen, bis das Glas randvoll ist.
4 Das Glas verschließen und abkühlen lassen.

Sauerkirschen

etwa 1 kg Sauerkirschen
½ Liter Wasser
70 g Honig

1 Die Sauerkirschen entsteinen.
2 Den Honig im Wasser auflösen und zum Kochen bringen.
3 Die Kirschen in die kochende Flüssigkeit geben und etwa 2 Minuten kochen. Mit einem Schaumlöffel herausnehmen und bis 2 cm unter den Rand in ein Glas schichten.
4 Die Honiglösung noch einmal aufkochen, sofort die Kirschen damit übergießen, bis zum Rand auffüllen. Das Glas verschließen und abkühlen lassen.

Einmachen/Einkochen (Sterilisieren)

Bei dieser Art der Konservierung werden Obst und Gemüse in Einmachgläsern mit passendem Deckel, Gummiring und Klammer erhitzt. Durch diesen Prozess werden die in den Lebensmitteln enthaltenen Keime abgetötet. Die in den Gläsern enthaltene Luft erwärmt sich, dehnt sich also aus, und entweicht zum Teil. Kühlt das Glas samt Inhalt nun ab, zieht sich die im Glas verbliebene Luft zusammen. Es entsteht ein Unterdruck; der Luftdruck von außen drückt auf den Glasdeckel. Dank des Gummiringes können keine Luft und damit auch keine Keime in das Glas eindringen. Alles ist hermetisch abgeschlossen und dadurch sehr lange haltbar.

Geräte

Für das Einmachen eignen sich **Weckgläser** mit passenden Glasdeckeln und dazugehörigen Gummiringen. Dabei sollte der Rand der Gläser keine Unebenheiten aufweisen; die Gummiringe müssen weich und geschmeidig sein (nicht brüchig oder klebrig). Der Deckel wird mit Klammern oder Bügeln auf den Glasrand gepresst. Auch **Schraubgläser** mit einem gut funktionierenden Schraubverschluss können verwendet werden. Überprüfen Sie die Gläser vorher unbedingt auf ihre Unversehrtheit, sonst kann später alles verderben.

Neben den üblichen Küchengeräten wie Küchenmesser, Kirsch- und Pflaumenentsteiner, Rühr- und Schaumlöffel, Waage und Messbecher benötigen Sie außerdem einen genügend großen Topf oder einen **Einkochtopf** oder Sie verwenden die Fettpfanne des Backofens. Wenn Sie auf den Boden des Topfes einen Rost oder etwas Ähnliches legen, wird damit ein heftiges Aufschlagen der Gläser beim Kochen gebremst.

Praktisch sind **Einfülltrichter** in verschiedenen Größen, damit der Rand der Gläser sauber bleibt.

Es gibt **Einkochautomaten** (auch Einweckautomaten oder Einkocher genannt), die das Einkochen erleichtern und für sicherere Ergebnisse sorgen. Ein Einkochautomat ist ein großer Topf mit Stromanschluss, in dessen Boden eine Heizspirale integriert ist, so dass man unabhängig vom Herd einkochen kann. Im Einkochautomat wird das Wasser auf die gewünschte Temperatur erhitzt und so lange gehalten, wie durch die Zeitschaltuhr vorgegeben wurde.

Hier ist zu viel Wasser im Topf. Die Gläser sollten nur zu zwei Dritteln im Wasser stehen.

EINMACHEN IM BACKOFEN

Sie können, wenn Sie keinen Einmachtopf oder einen ausreichend großen Topf haben, auch im Backofen sterilisieren.

- Den Backofen mit Ober- und Unterhitze auf 200 °C, den Umluftherd auf 175 °C aufheizen.
- Die gefüllten Gläser nebeneinander in die mit heißem Wasser gefüllte Fettpfanne stellen, ohne dass sie sich berühren. So lange erhitzen, bis der Inhalt in den Gläsern perlt, das dauert etwa 60 bis 70 Minuten, im Umluftherd 40 bis 50 Minuten. Erst dann beginnt die eigentliche Einkochzeit.
- Befindet sich in den Gläsern **Obst**, schaltet man den Backofen jetzt aus und sterilisiert die Gläser in der Nachwärme. Nach 20 bis 30 Minuten können sie dann herausgenommen werden.
- Wenn Sie **Gemüse** einkochen, bleibt der Backofen noch 30 Minuten auf 200 °C bzw. 175 °C bei Umluft. Danach ausschalten, die Gläser aber erst nach 30 Minuten herausnehmen.

DAS IST WICHTIG!

VORBEREITUNG VON OBST UND GEMÜSE

- Verwenden Sie für das Einmachen nur tadelloses Obst und Gemüse, das frisch und gut ausgereift ist.
- Es sollte vor dem Einkochen nur möglichst kurz gelagert werden – also am besten am Tag der Ernte oder des Einkaufs verarbeiten.
- Erst unmittelbar vor dem Einkochen wird alles kurz, aber gründlich unter kaltem Wasser gewaschen und dann eventuell entstielt, entsteint oder zerkleinert.

VORBEREITUNG DER GLÄSER

- Peinliche Sauberkeit ist das oberste Gebot: Die Gläser müssen gründlich gereinigt und gut mit heißem Wasser nachgespült werden.
- Gummiringe kocht man am besten aus und belässt sie im heißen Wasser bis zum Verschließen der Gläser.

GLÄSER FÜLLEN UND VERSCHLIESSEN

- Die Gläser werden nur bis etwa 2 cm unter den Rand gefüllt, die verwendete Flüssigkeit wird darüber gegossen und soll Obst und Gemüse gut bedecken.
- Vor dem Verschließen kontrollieren, ob der Rand des Einmachglases absolut sauber ist. Sollte das nicht der Fall sein, wischen Sie ihn mit einem Tuch ab. Erst dann werden die nassen Gummiringe und die Deckel aufgelegt und mit den Bügeln verschlossen.

GLÄSER ABKÜHLEN LASSEN

- Nach dem Einkochen müssen die Gläser langsam abkühlen. Zu diesem Zweck stellt man sie am besten heiß auf Holzbrett, Rost oder ein Tuch.
- Bei Schraubgläsern zieht man den Deckel noch einmal kurz nach und stellt sie dann für einige Minuten auf den Kopf, damit sich ein Vakuum bilden kann.
- Alle Gläser bedeckt man gut mit Tüchern und schützt sie vor Zugluft und Licht.
- Erst nach dem völligen Abkühlen nimmt man die Bügel ab und überprüft, ob der Deckel fest auf dem Rand sitzt und ob keine Blasen aufsteigen.
- Man lässt die Gläser einen Tag im Warmen stehen, damit die Gummiringe gut trocknen können. Gläser mit Schraubdeckel sollten in der Mitte eine leichte Mulde aufweisen.

AUFBEWAHRUNG VON EINGEMACHTEM

- Eingemachtes kühl, trocken und vor Licht geschützt aufbewahren.
- Während der nächsten Wochen regelmäßige kontrollieren, damit nicht geschlossene Gläser möglichst bald verbraucht werden können.

EINKOCHZEITEN

Alle Temperatur- und Zeitangaben beziehen sich auf 1-Liter-Gläser

Obst	Einkochzeit
Wenn Sie das Obst vordünsten, verringert sich die Einkochzeit um 10 bis 15 Minuten.	
Beerenobst	20 bis 30 Minuten bei 80 °C
Steinobst	25 bis 30 Minuten bei 80 °C
Kernobst	30 bis 40 Minuten bei 90 °C

Gemüse	Einkochzeit
Bei gedünstetem Gemüse verringert sich die Einkochzeit um 20 bis 30 Minuten.	
Bohnen und Erbsen	120 Minuten bei 98 °C
Wurzelgemüse	60 bis 90 Minuten bei 98 °C
Blumenkohl, Kohlrabi	90 Minuten bei 98 °C
Pilze	60 Minuten bei 98 °C
Tomaten	20 bis 30 Minuten bei 98 °C

Grüne Bohnen

1 Liter Wasser

1 TL Salz
etwa 1 kg grüne Bohnen
Bohnenkraut

1 Das Wasser mit dem Salz aufkochen und abkühlen lassen.
2 Die gewaschenen und geputzten Bohnen mit dem Bohnenkraut in ein Einmachglas schichten.

3 Mit dem abgekochten Salzwasser auffüllen und die Gläser verschließen.

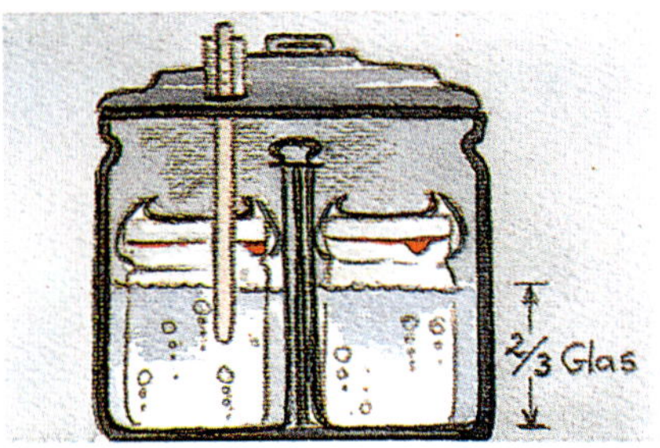

4 Die Gläser in einen mit Wasser gefüllten großen Topf oder einen Einmachtopf stellen. Sie dürfen sich dabei nicht berühren. Die Gläser sollten zu zwei Dritteln im Wasser stehen.
5 Anschließend das Wasser mitsamt den Gläsern langsam erhitzen. Die Einkochzeit beginnt erst, wenn das Wasser zu sieden beginnt. Es sollte aber nicht sprudeln.
6 Die Bohnen bei geschlossenem Deckel 90 Minuten sterilisieren.

Pilzgemüse

1 bis 2 kg Pilze

2 Möhren
2 bis 3 Zwiebeln
1 TL Senfkörner
2 bis 3 Lorbeerblätter
1 TL Pfefferkörner
1 TL Salz
Essig nach Geschmack

1 Die Pilze gründlich säubern und putzen. Die Möhren putzen und in Scheiben schneiden, die Zwiebeln schälen und in feine Ringe schneiden.

2 Wasser mit den Gewürzen mindestens 15 Minuten kochen, nach Geschmack Essig dazugeben.

3 Pilze, Möhrenscheiben und Zwiebelringen in Einmachgläser füllen und mit dem Essigwasser übergießen.

4 Die Gläser verschließen und 30 Minuten bei 98 °C sterilisieren.

Tomatenmark

Wer sein Tomatenmark gleich mit Gewürzen, frischen Kräutern, Zwiebeln und Knoblauch pikant abschmecken möchte, sterilisiert die Gläser am besten noch 20 Minuten bei 90 °C.

1 kg Tomaten
1 TL Salz
frisch gemahlener Pfeffer

1 Die reifen Tomaten kreuzweise einschneiden und mit kochendem Wasser übergießen. Dann die Haut mit einem spitzen Messer abziehen.

2 Die Tomaten klein schneiden und mit Salz und Pfeffer mindestens 20 Minuten kochen und eindicken.

3 Das Tomatenmark sofort kochend heiß in die Gläser füllen, den Deckel aufsetzen und sorgfältig verschließen.

Marmelade, Konfitüre, Gelee

Immer mehr Menschen haben Freude daran, ihre eigene Marmelade herzustellen. Es geht dabei nicht so sehr um die Verwertung des sommerlichen Obstsegens, sondern um den Geschmack. Sei es, dass sie traditionelle Rezepte verwenden oder neue raffinierte Geschmacksrichtungen ausprobieren.

Die üblichen Marmeladen, Konfitüren und Gelees bestehen zu einem hohen Prozentsatz aus Zucker. Er übernimmt in Verbindung mit dem Kochprozess die Konservierung, so dass diese Marmeladen ein Jahr und länger haltbar sind.

Es ist bekannt, dass ein hoher Zuckerkonsum zu gesundheitlichen Schäden führt. Zum einen erzeugt Zucker Karies, zum anderen kann er zum Entstehen von Übergewicht beitragen, das wiederum als Risikofaktor für Arteriosklerose gilt und das Entstehen von Diabetes begünstigt. Weiterhin kann Zucker die Darmflora negativ beeinflussen und eine Unverträglichkeit anderer Lebensmittel (Vollkorn und Frischkost) bewirken.

Zudem sind Marmeladen in der Ökoküche ein entbehrliches Nahrungsmittel, denn im Mittelpunkt eines gesunden Frühstücks steht nicht das Marmeladenbrötchen, sondern ein Müsli aus Getreideflocken oder frisch geschrotetem oder gekeimtem Getreide. Es wird durch frisches Obst, Nüsse, Sonnenblumenkerne, Trockenfrüchte, Gewürze und Milchprodukte verfeinert.

Zuckerreduzierte Marmeladen

Wer auf Marmelade nicht verzichten möchte, hat in der Ökoküche verschiedene Möglichkeiten, Marmeladen, Konfitüren und Gelees ohne Zucker herzustellen. Diese schmecken sehr fruchtig und eignen sich nicht nur als Brotaufstrich, sondern auch als Füllung und Belag von Keksen, Torten, Kleingebäck, Pfannkuchen und Waffeln. Allerdings sind solche Marmeladen nicht so lange haltbar.

DAS IST WICHTIG!

- Verwenden Sie stets gut ausgereiftes Obst. Unreifes Obst hat noch nicht das volle Aroma, überreifes Obst enthält weniger Pektine (sie bewirken das Gelieren) und verdirbt leichter.
- Alle Früchte sollten am besten am Tage der Ernte oder des Kaufs verarbeitet werden.
- Verschließen Sie Marmeladengläser nicht mit Cellophan, verwenden Sie Schraubgläser nur mit einwandfreiem Deckel.
- Gläser und Deckel heiß mit Spülmittel reinigen, klar nachspülen und umgedreht auf einem sauberen Küchenhandtuch trocknen lassen. Vor dem Einfüllen die Gläser heiß ausgespült oder im Backofen für kurze Zeit auf 100 °C erhitzen.
- Verwenden Sie zum Marmeladekochen einen großen, hohen Kochtopf, der möglichst nur zur Hälfte mit dem Fruchtbrei gefüllt wird. Nur so kann die Masse nicht überkochen.
- Die Marmelade nur bis knapp unter den Rand in die Gläser füllen und sofort nach dem Verschließen für etwa 5 Minuten mit dem Deckel nach unten auf ein feuchtes Tuch stellen. Auf diese Weise entsteht ein Vakuum, das vor äußeren Einflüssen schützt. Die Gläser kann man einige Stunden lang auf dem Kopf stehenlassen, weil sich dadurch die Fruchtstückchen gleichmäßiger im Glas verteilen.
- Lassen Sie die Marmeladen langsam abkühlen. Schützen Sie sie dabei vor Lichteinfall (am besten decken Sie dazu die Gläser mit einem Geschirrhandtuch ab), und bewegen Sie sie nicht. Der Geliervorgang ist erst nach einem Tag endgültig abgeschlossen.
- Beschriften Sie alle Gläser genau. Das sieht nicht nur sehr schön aus, sondern ist auch zum Sammeln von Erfahrungen wichtig.
- Alle Gläser sollten kühl, dunkel, aber nicht feucht aufbewahrt werden. Geöffnete Gläser gehören in den Kühlschrank.
- Achtung: Marmeladen, Konfitüren und Gelees, auf denen sich Schimmel gebildet hat, nicht mehr verzehren!

PFLANZLICHE GELIERMITTEL

Agar-Agar wird aus den Zellwänden der Rotalgen gewonnen, pulverisiert und abgepackt in Tüten verschiedener Größenordnung in Naturkostläden und Reformhäusern vertrieben. Probiert man es roh, hat es einen leicht salzigen Geschmack (Meeresprodukt), den man jedoch beim Auflösen in der Flüssigkeit nicht mehr schmeckt. Ebenso verfliegt sein Geruch.
Agar-Agar hat eine sehr hohe Gelierkraft. Es quillt in der kochenden Flüssigkeit und erstarrt beim Abkühlen zu steifem Gelee. 7,5 g Agar-Agar entsprechen 6 Blatt Gelatine. Als Faustregel für die Dosierung gilt: 1 TL für ca. 500 ml Flüssigkeit.

Pektin besteht aus getrockneten Apfelresten und Zitrone. Es ist in reiner Form auch als Apfelpektin in Reformhäusern oder Naturkostläden erhältlich. Für das Gelieren von Marmelade gilt die Regel: 15 g Pektin binden ca. 1 kg Früchte.
Bei Quitten, Äpfeln und schwarzen Johannisbeeren kann etwas weniger verwendet werden.

Unigel ist ein Geliermittel, das in der Schweiz hergestellt wird. Es besteht aus Apfelpektin und Fruchtzucker und wird in 30-g-Tütchen im Handel angeboten. So ein Beutel ist ausreichend für 1 kg Früchte oder eine entsprechende Menge Saft. Vert Unigel (siehe Bezugsquellen) ist meist in Naturkostläden, manchmal in Reformhäusern erhältlich.

Roh gerührte Marmeladen

Hierfür eignen sich besonders Erdbeeren, Brombeeren und Himbeeren. Die gewaschenen und geputzten Früchte werden mit Honig zu einer homogenen Masse verrührt. Roh gerührte Marmeladen schmecken besonders fruchtig und sollten frisch gegessen werden. So können Sie sicher sein, dass alle Vitamine und Aromastoffe bestmöglich erhalten bleiben. Roh gerührte Marmeladen halten sich im Kühlschrank etwa 10 bis 14 Tage. Im Winter kann man sie in kleinen Portionen aus tiefgekühlten Früchten herstellen.

Marmeladen aus getrockneten Früchten

Marmeladen aus getrockneten Zwetschgen, Aprikosen, Pfirsichen und/oder Feigen können stets frisch hergestellt werden. Dazu werden die getrockneten Früchte zerkleinert, für einige Stunden in Wasser eingeweicht und anschließend mit dem Schneidstab des Handrührgerätes zu einer homogenen Masse verrührt. Marmeladen aus Trockenfrüchten sind von Natur aus so süß, dass man keine zusätzlichen Süßungsmittel braucht. Sie können sie aber mit Gewürzen wie Zimt, Ingwer, Vanille, Nelken und gemahlenen Nüssen verfeinern. Im Kühlschrank hält sich diese Marmelade etwa 14 Tage. Rezept siehe Seite 55.

Mit Geliermittel angesetzte Marmeladen sollten 12 Stunden nicht bewegt werden, erst dann ist der Geliervorgang beendet.

Gekochte Marmeladen und Gelees

Länger halten sich Marmeladen, die mit einem natürlichen, pflanzlichen Geliermittel gekocht werden. In der Ökoküche werden hierfür Agar-Agar, Pektin oder Unigel (ein schweizer Produkt) verwendet. Die Geliermittel werden in das heiße Fruchtpüree eingerührt, das man kurz kocht und dann sofort in Schraubgläser füllt. Diese Marmeladen süßt man nach Geschmack mit Honig, Ahornsirup, Apfel- oder Birnendicksaft, getrockneten Früchten oder durch die Kombination von herben mit süßen Früchten. Außerdem fügt man eventuell noch etwas Zitronensaft hinzu, das fördert den Gelierprozess und hebt den Geschmack. Solche gekochten Marmeladen sind – je nach verwendetem Geliermittel – zwischen 2 bis 8 Monaten haltbar.

Obstmus

Beim Einkochen von Obstmus wird die Haltbarkeit durch den relativ hohen natürlichen Zuckergehalt und durch das Verdampfen eines Großteils des in den Früchten enthaltenen Wassers erreicht. Für Obstmuse sind große Mengen an Früchten erforderlich, denn das Obst wird (oft auch in Verbindung mit Säften) so lange stark eingekocht, bis es in dicken Klumpen schwer vom Löffel fällt. Dass bei diesem langen Kochprozess alle hitzeempfindlichen Vitamine zerstört werden, liegt auf der Hand. So empfiehlt sich diese Methode eigentlich nur für Leute, die große Mengen an Früchten zu verarbeiten haben. In Schraubgläsern abgefülltes Obstmus ist in der Regel 6 bis 8 Monate haltbar.

Roh gerührte Himbeerkonfitüre

Roh gerührte Marmeladen sind nur sehr begrenzt haltbar, daher nur kleine Portionen herstellen.

1 Zweig Zitronenmelisse
½ Vanilleschote
250 g Himbeeren
Honig nach Belieben

1 Die Zitronenmelisse waschen, abtrocknen und die Blättchen abzupfen. Das Mark aus der Vanilleschote kratzen.

2 Alle Zutaten miteinander verrühren, bis die Masse konfitürenähnlich ist.

Johannisbeergelee mit Himbeeren

Das Gelee hält sich im Kühlschrank oder kühlen Keller mindestens 2 Monate.

½ Liter Johannisbeersaft (nach Geschmack rote und schwarze Johannisbeeren gemischt)
Saft einer Zitrone
1 TL Agar-Agar
etwa 100 g Honig
100 g Himbeeren

1 Vom Johannisbeersaft etwa ½ Tasse abnehmen und mit Zitronensaft und Agar-Agar mischen. Den restlichen Johannisbeersaft erhitzen und mit dem Honig verrühren. Kurz vor dem Siedepunkt die Agar-Agar-Masse sowie die geputzten Himbeeren einrühren.

2 2 Minuten kochen, dann den Saft sofort in heiß ausgespülte Schraubgläser füllen. Die Gläser fest verschließen und für etwa 5 Minuten auf den Kopf stellen.

3 Nach einem Tag ist der Geliervorgang endgültig beendet. Während dieser Zeit sollten die Gläser nicht bewegt werden.

Stachelbeerkonfitüre mit Minze und Melisse

Im kalten Keller oder Kühlschrank hält sich die Konfitüre mindestens 2 Monate.

500 g Stachelbeeren
Saft einer halben Zitrone
1½ TL Agar-Agar
Schale einer halben, unbehandelten Zitrone
etwa 100 g Honig
½TL Zimt
einige Blättchen frische Minze
einige Blättchen Zitronenmelisse

1 Die Stachelbeeren waschen, putzen und mit dem Schneidstab des Handrührgerätes zerkleinern.

2 Eine halbe Tasse davon abnehmen und mit Zitronensaft und Agar-Agar verrühren.

3 Das restliche Püree mit Zitronenschale, Honig und Zimt mischen. Unter Umrühren aufkochen und die Agar-Agar-Mischung sowie die fein gehackten Minze- und Melisseblättchen unterrühren.

4 Etwa 2 Minuten kochen, dann sofort in Schraubgläser füllen. Diese fest verschließen und für etwa 5 Minuten umdrehen.

5 Bis zum nächsten Tag die Gläser nicht mehr bewegen, weil erst dann der Geliervorgang endgültig abgeschlossen ist.

Vierfruchtmarmelade

Die Marmelade hält sich kühl und dunkel aufbewahrt etwa 6 bis 8 Monate.

100 g schwarze Johannisbeeren
300 g rote Johannisbeeren
350 g möglichst reife Stachelbeeren
250 g Süß- oder Sauerkirschen
3 EL Honig
1 Beutel Unigel oder 15 g Pektin

1 Die Johannisbeeren waschen und von den Rispen befreien. Die Stachelbeeren putzen, die Kirschen entkernen.

2 Alle Früchte grob mit dem Schneidstab des Handrührgerätes zerkleinern.

3 Das Obst mit Honig und Unigel/Pektin in einem großen Topf mischen und unter Rühren aufkochen. 30 Sekunden kochen, dann sofort bis knapp unter den Rand in heiß ausgespülte Schraubgläser füllen. Die Deckel fest zudrehen und die Gläser für 5 Minuten auf den Kopf stellen.

4 Die Gläser 12 Stunden nicht mehr bewegen und vor Licht und Durchzug schützen.

Holunder-Apfel-Gelee

Das Gelee hält sich im Kühlschrank oder einem ähnlich dunklen, kühlen Raum mindestens 2 Monate.

etwa 70 g Feigen
½ Liter Apfelsaft
½ Liter Holunderbeersaft
2 EL Zitronensaft
1 TL Zimt
1½ TL Agar-Agar
2 EL Apfeldicksaft oder Honig nach Geschmack

1 Die Feigen in kleine Würfel schneiden und knapp mit Wasser bedeckt etwa 3 Stunden quellen lassen.

2 Apfelsaft mit Holunderbeersaft mischen, etwa ½ Tasse abnehmen und mit Zitronensaft, Zimt und Agar-Agar verrühren.

3 Den restlichen Saft (eventuell mit Apfeldicksaft oder Honig gesüßt) erhitzen. Kurz vor dem Siedepunkt die AgarAgar-Masse einrühren, 2 Minuten kochen und sofort in heiß ausgespülte Schraubgläser füllen. Die Deckel fest verschließen und die Gläser für etwa 5 Minuten auf den Kopf stellen, dann wieder wenden und für 12 Stunden nicht bewegen.

Sauerkirsch-Pfirsich-Konfitüre

Dunkel und kühl aufbewahrt, hält sich diese Konfitüre 6 bis 8 Monate

500 g Sauerkirschen
500 g reife Pfirsiche
etwa 100 g Honig, nach Geschmack mehr
1 Beutel Unigel/15 g Pektin

1 Die Sauerkirschen waschen, entstielen und entkernen. Mit dem Schneidstab des Handrührgerätes klein schneiden.

2 Die Pfirsiche nach Geschmack enthäuten (dafür kurz in kochendes Wasser legen, mit möglichst kaltem Wasser abschrecken und enthäuten), in Spalten vom Stein lösen und in kleine Stücke schneiden.

3 Das Obst mit Honig und Geliermittel mischen und unter Rühren in einem großen Topf aufkochen. Etwa 30 Sekunden kochen, dann sofort in gut gesäuberte, heiß ausgespülte Schraubgläser füllen. Die Deckel fest zudrehen und die Gläser auf den Kopf stellen. Nach 5 Minuten wieder wenden.

4 Die Gläser mit einem Geschirrhandtuch bedecken, um sie vor Licht zu schützen, und 12 Stunden lang nicht bewegen, dabei Zugluft vermeiden.

Aprikosenkonfitüre mit Zitronenmelisse

Im Kühlschrank oder einem kühlen Keller hält sich die Konfitüre mindestens 2 Monate.

500 g Aprikosen (alternativ Pfirsiche oder Nektarinen)
3 EL Ahornsirup
2 gestrichener TL Agar-Agar
nach Belieben 10 g Blätter der Zitronenmelisse
Saft einer halben Zitrone

1 Die Aprikosen waschen, entsteinen und mit dem Schneidstab des Handrührgerätes zerkleinern.

2 Eine halbe Tasse vom Fruchtpüree abnehmen, mit Ahornsirup, Agar-Agar, fein gehackten Melisseblättchen und Zitronensaft mischen.

3 Das restliche Püree unter Rühren aufkochen, die Agar-Agar-Mischung unterrühren, knapp 2 Minuten kochen und sofort in vorgewärmte Schraubgläser bis knapp unter den Rand füllen. Die Gläser fest verschließen, für etwa 5 Minuten auf den Kopf stellen dann wieder wenden.

4 Die Gläser während des vollständigen Abkühlens 12 Stunden nicht bewegen.

Zwetschgenmus

3 bis 5 kg Spätzwetschgen

1 Die Zwetschgen waschen, entsteinen und halbieren. In die Bratpfanne des Backofens füllen und auf die unterste Leiste in den Backofen schieben.

2 Bei 200 °C etwa eine Stunde, danach bei 150 °C eine weitere Stunde köcheln lassen.

3 Die Zwetschgen mit dem Schneidstab des Handrührgerätes zerkleinern und noch weitere 1 bis 2 Stunden unter gelegentlichem Umrühren einkochen lassen.

4 Das zähe Mus in saubere, heiß ausgespülte Schraubgläser füllen und sofort verschließen.

TIEFKÜHLEN

FÜR ALLES GEEIGNET – DAS TIEFGEFRIEREN

Das Tiefkühlen von Lebensmitteln ist eine moderne Konservierungsart und auch eine sehr beliebte. Dies liegt vor allem daran, dass sich fast alles einfrieren lässt: vom rohen Obst bis zur fertig gekochten Mahlzeit. Dabei behält tiefgekühlte Kost weitgehend ihre ursprünglichen Eigenschaften, vor allem Farbe, Aroma, Geschmack und Struktur, und kommt damit dem frischen Produkt am nächsten.

Konservieren durch Kälte

Die Wirkung des Tiefkühlens

Bei Temperaturen von etwa minus 18 °C können sich schädliche Mikroorganismen wie Schimmelpilze, Fäulnis- und Gärungserreger sowie andere Bakterien, die die Lebensmittel verderben lassen, nicht vermehren. Auch die Tätigkeit von Enzymen, die zu unerwünschten Stoffwechselprozessen führen kann, wird durch den Tiefkühlprozess verringert.

Lagerdauer

Trotzdem sollte tiefgekühltes Obst und Gemüse nur **begrenzte Zeit gelagert** werden, denn auch bei tiefen Temperaturen findet allmählich eine Wertminderung statt, und das Produkt unterliegt der Alterung. Denn die Enzyme arbeiten – wenn auch verlangsamt – weiter und bauen allmählich Proteine, Kohlenhydrate und Fette ab. Insbesondere fettreiche Lebensmittel sind aus diesem Grunde nur sehr begrenzt haltbar.
Bei gekaufter Tiefkühlkost findet man ein Mindesthaltbarkeitsdatum, bis zu dem sie eine Top-Qualität besitzt, obwohl die Produkte auch danach noch längere Zeit haltbar sind. Friert man selber ein, schreibt man am besten das Datum auf die Verpackung. Gemüse hält sich 3 bis 12 Monate, fertige Mahlzeiten in der Regel 3 bis 6 Monate, Obst ca. ein Jahr.
Allerdings muss man auch bei einem sachgemäßen Tiefkühlen mit einem Verlust an Vitaminen und Mineralstoffen rechnen; diese gehen allerdings hauptsächlich bei der Vorbereitung, dem Waschen und Blanchieren, verloren.
Verdorbene Stellen bei Obst und Gemüse sind an weißen oder rotbraunen Stellen zu erkennen. Lag das Gemüse zu lang im Frost, kann es beim Kochen matschig werden. Bei Kräutern können ätherischen Öle verloren gehen.

Schnell tiefkühlen – langsam auftauen

Obst und Gemüse bestehen zu einem großen Teil aus Wasser, bis zu 90 %. Beim langsamen Tiefkühlen gefriert dieses zu großen Eiskristallen, die die Zellwände des Produktes zerstören. Dies hat zur Folge, dass sich nach dem Auftauen die Struktur der Tiefkühlkost gegenüber dem frischen Produkt verändert hat, es verliert an Geschmack und Konsistenz, zum Beispiel werden Beeren nach dem Auftauen oft matschig. Aus diesem Grunde – und natürlich auch, um die Tätigkeit der Mikroorganismen und Enzyme möglichst rasch zu verringern – sollten die Speisen soll schnell wie möglich tiefgekühlt werden.
Beim Auftauen ist es genau das Gegenteil.
In der Regel sollte es langsam und schonend erfolgen. Fisch und Fleisch sollten am besten langsam im Kühlschrank auftauen, ebenso Produkte, die ohne Erhitzen verzehrt werden. Das verhindert, dass sich Keime ausbreiten beziehungsweise schnell wieder aktiv werden. Denn Mikroorganismen sterben in der Tiefkühlkost nicht ab, nur ihre Aktivität wird gebremst.
Taut man Tiefkühlkost auf, werden sie schnell wieder aktiv. Aus diesem Grunde sollte Aufgetautes schnell verbraucht werden.

Portionieren

Frieren Sie Lebensmittel portioniert ein. Gemüse kann in Scheiben oder Würfel geschnitten werden, Blumenkohl und Brokkoli in Röschen, das platzt Platz und so friert das Lebensmittel schneller ein.
Beeren oder andere Früchte können zunächst nebeneinander auf einem Blech tiefgekühlt werden, dann zusammen in einen Gefrierbeutel oder eine -dose gepackt werden. So kleben sie nicht aneinander und können später gezielter entnommen werden.

Gefäße zum Einfrieren

Gefrierbeutel, Gefrierdosen, aber auch Porzellanschüsseln eignen sich zum Tiefkühlen. Achten Sie darauf, nicht zu viel in Beutel, Dose, Schüssel zu füllen, denn wasserhaltige Lebensmittel können sich beim Einfrieren ausdehnen und die Schale/den Beutel zum Platzen bringen.

Luft entfernen und beschriften

Luft im Gefrierbeutel oder im Gefriergefäß vermindert die Haltbarkeit, denn Luft beschleunigt Zersetzungsprozesse. Drücken Sie also so viel Luft wie möglich aus den Beuteln/Gefäßen, eventuell auch mit einem Vakuumiergerät. Beschriften Sie Gefriergut mit der Bezeichnung des Lebensmittels oder des Gerichts, notieren Sie das Einfrierdatum und die ungefähre Haltbarkeit. So behalten Sie den Überblick.

Was eignet sich?

- **Erdbeeren**, **Himbeeren**, **Johannisbeeren** und **Heidelbeeren** lassen sich gut tiefkühlen. Das geht am besten auf einem Blech, auf denen die geputzten Früchte nebeneinander liegen.
- **Pfirsiche**, **Pflaumen**, **Aprikosen** und **Mirabellen** sollten entsteint eingefroren werden.
- Sehr wasserhaltige Früchte wie Äpfel und Birnen, aber auch Erdbeeren können als Mus eingefroren werden.
- **Meerrettich**, **Paprika**, **Erbsen**, **Bohnen** und **Pilze** lassen sich problemlos roh einfrieren.
- **Blumenkohl**, **Brokkoli** und **Möhren** sollte man vor dem Einfrieren kurz blanchieren (siehe nächste Seite), also kurz in wenig Wasser kochen. Ebenso **Spinat**, **Porree**, **Mangold**.

Was eignet sich nicht?

- **Gurken**, **Radieschen**, **Tomaten** und **ungekochte Kartoffeln** eignen sich aufgrund ihres hohen Wasseranteils **nicht** zum Tiefkühlen. Sie werden nach dem Auftauen matschig. In gekochtem, verarbeitetem Zustand können sie jedoch eingefroren werden.

TIEFGEFRIEREN AUS ÖKOLOGISCHER SICHT

Man sollte sich darüber im Klaren sein, dass das Tiefgefrieren mit Abstand die meiste Energie erfordert. Der dauernde Stromverbrauch für die Lagerung ist nicht billig und führt zu einer starken Abhängigkeit von der Stromversorgung. Zudem können Stromausfall oder ein Defekt am Gerät zu hohen Verlusten führen.

Welche Konservierungs-methode passt am besten?

OBST UND WILDFRÜCHTE

✓✓ optimal // ✓ ist möglich // ✗ unüblich, nur bedingt möglich

Obst	Lagern	Trocknen	Einlegen	Entsaften
APFEL	✓✓	✓		✓
APRIKOSE		✓✓	✗	✗
BIRNE	✓✓	✓	✓	✓
BROMBEERE		Blätter ✓ Früchte ✓	✗	✗
ERDBEERE		Blätter ✓ Früchte ✓	✓	✓
HIMBEERE		Blätter ✓ Früchte ✗	✓	✓
JOHANNISBEERE		Blätter ✓		✓
MIRABELLE		✗		
PFIRSICH		✓✓	✗	✗
PFLAUME		✓✓	✗	✓
STACHELBEERE		✗		✗
QUITTE	✓✓		✗	✓
RENEKLODE		✓		
ZWETSCHGE		✓✓	✓	✓

Wildfrüchte	Lagern	Trocknen	Einlegen	Entsaften
HAGEBUTTE		✓✓		
HEIDELBEERE		✓		
HOLUNDER		Beere ✓ Blüte ✗	✓✓	✓
PREISELBEERE		✓✓		
SANDDORN				✓
SCHLEHE				✓✓

Einkochen/ Marmelade	Einfrieren	Anmerkung
✔		lagern je nach Sorte Dez bis Mai
✔	✔	
✔		lagern je nach Sorte Jan/Feb
✔		getocknete Blätter als Tee
✔		getrocknete Blätter als Tee
✔		getrocknete Blätter als Tee
✔	✔	getrocknete Blätter der schwarzen Johannisbeere als Tee
✔	✘	
✔	✔	
✔	✔	
✔	✔	
✔		
✘	✘	
✔	✔	

Einkochen/ Marmelade	Einfrieren	Anmerkung
✔		getrocknet als Tee
✔		
	getrocknete Blüten als Tee bei Erkältung, abwehrsteigernd	
✔	✘	
✔		
✔		nach dem ersten Frost ernten

Welche Konservierungsmethode passt am besten?

GEMÜSE

✔✔ optimal // ✔ ist möglich // ✘ unüblich, nur bedingt möglich

Gemüse	Im Garten überwintern	Lagern	Trocknen	Milchsäure-gärung
BLUMENKOHL		✘	✔	✔
BROKKOLI			✘	✔
BUSCHBOHNE			✔	✔
CHICORÉE		✔✔		
CHINAKOHL		✘		
EISBERGSALAT				
ENDIVIE		✘		
ERBSEN			✔✔	
FENCHEL		✘		✔
PAPRIKA			✔	✔
GRÜNKOHL	✔✔			
GURKE			✘	✔
KARTOFFEL		✔✔		
KOHLRABI			✘	✔
KOPFSALAT				
KÜRBIS		✘	✘	✔
LAUCH	✔✔		✘	
MANGOLD	✔			
MELDE				
MÖHRE		✔✔	✘	✔
NEUSEELÄNDER SPINAT				
PASTINAKE	✔✔	✔✔	✘	✘
PETERSILIEN-WURZEL		✔✔	✘	✘
PILZE			✔✔	✔
PFLÜCKSALATE				
PUFFBOHNEN			✔✔	

Einlegen	Einkochen	Einfrieren	Anmerkung
✔	✔	✔	
✔	✔	✔	am besten frisch verwenden
✔	✔	✔	
			Wurzeln treiben lassen
			frisch verwenden
	✔	✔	
✔		✔	
		✔	am besten frisch verwenden
✔			
		✘	
		✔	am besten frisch verwenden
			Frisch verwenden
✔			hält sich je nach Sorte bis Jan im Keller
		✔	
		✔	
			frisch verwenden
✔			
			frisch verwenden
		✔	
			kann man auch treiben lassen
✔	✔	✔	
			frisch verwenden
		✔	

Welche Konservierungsmethode passt am besten?

GEMÜSE

✔✔ optimal // ✔ ist möglich // ✘ unüblich, nur bedingt möglich

Gemüse	Im Garten überwintern	Lagern	Trocknen	Milchsäure-gärung
RADICCHIO	✔✔			
RETTICH/ RADIESCHEN		✔✔		
RHABARBER			✘	
ROSENKOHL	✔✔		✔	
ROTE BETE		✔✔	✘	✔
ROTKOHL		✔	✘	✔✔
SELLERIE		✔✔	✘	✔
SCHWARZWURZEL	✔✔	✔✔		
SPINAT			✘	
STANGENBOHNE			✔	✔
TOMATE		✘	✔	✔
TOPINAMBUR	✔✔	✔		
WEISSKOHL		✔	✘	✔✔
WINTERPOST-ELEIN/PORTULAK	✔✔			
WIRSING		✘	✘	✘
ZUCCHINI		✘	✔	✔
ZUCKERHUT		✔		
ZWIEBEL		✔✔	✘	✔

Einlegen	Einkochen	Einfrieren	Anmerkung
			frisch verwenden, Winterrettich lagern
	✔	✔	
		✔	am besten frisch verwenden
✔			
✔		✘	
		✘	
		✔	getrocknet eher als Würze verwenden
✔	✔	✔	
✔	✔	✔	grüne Tomaten reifen nach
✘		✘	
		✘	
✔		✘	
✔			Frühlingszwiebeln im Mai/Jun frisch verwenden

Welche Konservierungsmethode passt am besten?

GARTENKRÄUTER

Gartenkräuter	Ernte	Trocknen	Einfrieren	Einlegen	Anmerkung
ANIS	Sep	Samen			Samen als Gewürz für Brot, Weihnachtsgebäck, Kompott, Rotkohl, Tee
BALDRIAN	Blüten: Aug Wurzel: Sep	Wurzeln und Blätter			Tee aus Blättern und Wurzeln, beruhigend, Badezusatz
BASILIKUM	ab Juni	Blätter	in Kräutermischung	in Kräutermischung	zum Würzen von Suppen, Saucen, Kartoffel- und Gemüsegerichten
BOHNENKRAUT	bis zur Blüte	Blätter	mit Bohnen	in Kräutermischung	Gewürz für Brot, Eintöpfe aus Hülsenfrüchten, Kohlgerichte und Bohnen
BORRETSCH	laufend frisch	Blüten	Blätter in Kräutermischung	Blätter in Kräutermischung	Blüten in Teemischungen
BRUNNENKRESSE	laufend frisch, Wildpflanze ab Apr				lässt sich schlecht konservieren
DILL	Blätter ab Mai, Samen ab Aug	Samen, Blätter verlieren Aroma	in Kräutermischung	in Kräutermischung	Dillblätter verlieren beim Konservieren an Aroma. Samen als Tee bei Magenverstimmung und Schlafstörungen
ESTRAGON	laufend frisch			in Essig	zum Einlegen von Gurken
FENCHEL	Samen: Sep	Samen			Brotgewürz, Tee gegen Blähungen
KAPUZINERKRESSE	ab Jun			Blütenknospen wie Kapern in Essig	Blätter und Blüten lassen sich nicht konservieren
KERBEL	ab Apr/Mai frisch				lässt sich nicht konservieren
KNOBLAUCH	grün ab Mai, Knollen ab Aug	Zehen		milchsauer	
KORIANDER	Blätter an Jun, Samen ab Sep	Samen			Samen als Brotgewürz, für Gebäck und für orientalische Speisen

KRESSE	laufend frisch				lässt sich nicht gut konservieren
KÜMMEL	Blätter laufend frisch, Samen ab Aug/Sep	Samen			Samen als Gewürz für Brot, Kohl, Quark, Käse; als Tee bei Magen-Darm-Beschwerden
LAVENDEL	Blätter laufend frisch, Blüten Jul–Sep	Blüten			Blätter wie Rosmarin verwenden; Blüten vor allem für Kosmetik und Seifen
LIEBSTÖCKEL	laufend frisch				lässt sich nicht gut konservieren
MEERRETTICH	Wurzeln im Spätherbst				Wurzeln in Sand einlegen
MELISSE	Blätter ab Mai, bis zur Blüte	Blätter trocknen	in Kräutermischung	in Kräutermischung	Tee und Kräutermischungen
OREGANO	frisch im Sommer, sonst vor der Blüte	Blätter	in Kräutermischung	in Kräutermischung	für Salate, Pizzagewürz, Tomaten, mediterrane Küche
PETERSILIE	laufend frisch	in Mischungen	allein	in Mischung	passt fast immer
PFEFFERMINZ	Jun-Aug, vor der Blüte	Blätter			frisch für Saucen, getrocknet als Tee
PIMPINELLE	laufend frisch	bedingt	in Kräutermischung	in Kräutermischungen	lässt sich nicht gut konservieren
RINGELBLUME	ab Jun	Blütenblätter			frische Blütenblätter für Salat, getrocknet für Teemischungen
ROSMARIN	bis zur Blüte	Blätter			würzt Suppen, Gemüse, Saucen; als Tee und Badezusatz, kreislaufanregend
SALBEI	bis zur Blüte	Blätter			Pizzagewürz, für provenzalische Kräutermischung, als Tee bei Husten
SCHNITTLAUCH	laufend frisch	in Mischungen	einzeln und in Mischung	in Mischungen	passt oft
THYMIAN	bis zur Blüte	kleine Zweige		in Öl	für Suppen, Saucen, Tomaten, mediterrane Küche, provenzalische Kräutermischung
WERMUT					Heilkunde, Kräuterlikör

Welche Konservierungsmethode passt am besten?

WILDKRÄUTER

Wildkräuter	Ernte	Trocknen	Anmerkung
BÄRLAUCH	Blätter ab Feb		roh unter Salate und andere Speisen mischen
BEINWELL	Blätter ab Apr/Mai; Wurzeln im Herbst	Wurzeln	Blätter wie Spinat bereiten, Wurzeln bei Blutergüssen
BRENNNESSEL	junge Blätter	Blätter vor der Blüte, Samen	Blätter als Tee, z.B. bei Rheuma, Gicht
GÄNSE-BLÜMCHEN	zarte Blätter und Blüten, vor allem im Frühjahr		lässt sich nicht konservieren
HUFLATTICH	junge Blätter ab Apr/Mai	Blätter	getrocknete Blätter als Tee bei Husten; frisch für Salate, Suppen, Gemüse
LÖWENZAHN	junge Blätter ab Mär/Apr		lässt sich nicht konservieren
SAUERAMPFER	junge Blätter ab Apr		für Suppen, Gemüse, Salate
WEGERICH	junge Blätter ab Apr	Blätter	getrocknete Blätter als Tee; frisch für Gemüse, Salate
WIESENSCHAUM-KRAUT	junge Blätter		für Salate, Suppen, Quark; lässt sich nicht konservieren
ZINNKRAUT	ab Jun	Blätter	als Tee bei rheumatischen Erkrankungen und Bindegewebsschwäche

Bezugsquellen

Vorratsschalen aus atmungsaktiver Keramik erhalten Sie zum Beispiel unter www.denk-keramik.de und www.waschbaer.de

Getreidespeicher und **Getreidevorratssäcke** finden Sie zum Beispiel unter www.eschfelder.de, www.getreidemuehlen.de, www.havos.de

Samen für Sprossen- und Grünkrautzucht erhalten Sie zum Beispiel unter www.microgreen-shop.com, www.alnatura.de sowie in Reformhäusern und Naturkostläden

Dörrgeräte und **Rohöfen** erhalten Sie zum Beispiel in Haushaltsfachgeschäften, im Versandhandel und unter www.keimling.de.

Fermentieren – Milchsäueregärung: Gärtöpfe und Schraubgläser erhalten Sie zum Beispiel in Haushaltsfachgeschäften, und im Naturkostversandhandel, unter www.waschbaer.de

Starter für Sauerkraut und milchsaures Gemüse können Sie zum Beispiel unter www.holzeis.com und www.fairment.de bestellen

Micro-Fermentationsbeschleuniger-Kapseln und Zubehör gibt es zum Beispiel unter www.millivital.de

Essigmutter und Sets für die Essigherstellung können Sie bestellen zum Beispiel unter www.arauner.com

Dampfentsafter und **elektrische Entsafter** sind unter anderem erhältlich in Haushaltsfachgeschäfte und Elektrogeschäfte, Slow Juicer zum Beispiel auch unter www.keimling.de

Agar-Agar und **Apfelpektin** in Reformhäusern und Naturkostläden, Unigel unter www.biofarm.ch, www.biogarten.de und manchmal auch in Naturkostläden

Obst und Gemüse aus kontrolliertem biologischen Anbau: Demeter e. V.: www.demeter.de, Bioland Bundesverband: www.bioland.de, Naturland: www.naturland.de

Register nach Kapiteln

Vorwort 8 ff.
Vorratshaltung war lebenswichtig 8
Wann sind Lebensmittel frisch 8
Saisonal denken und handeln 9
Konservieren bedeutet Veränderung 10
Größtmögliche Schonung 10
Weniger schonende Verfahren 10
Welche Konservierungsmethode passt 10
Essen im Einklang mit der Natur 11

Lagern 12 ff.
Geschmack, Struktur und Inhaltsstoffe erhalten 13
Lagerung im Haus 14
- Der trockene, luftiger Lagerraum 14
- Keller: dunkel, kühl und nicht zu trocken 14

Lagermöglichkeiten außerhalb des Hauses 19
- Die Erdmiete 19
- Frühbeet 20
- Geschützter Platz 20
- Nebengebäude 21
- Was tut man ohne Garten und Lagerraum? 21

Wie lagert man was?
- Gemüse 22 ff.
- Obst 30 ff.
- Nüsse 34
- Getreide 34 f.

Trocknen 36 ff.
Eine uralte Methode 37
Trocknen und Dörren 38
Was braucht man zum Trocknen 38
Die Vorteile dieser Konservierungsmethode 39
Wie wird getrocknet? 39
- Vorbereitung von Obst und Gemüse 39
- Ausbreiten oder Aufhängen? 40

Die Methoden 41
- Trocknen in der Sonne 41
- Trocknen auf dem Dachboden oder an der Heizung 41
- Dörren im Backofen und Umluftherd 41
- Dörren im Dörrautomaten 41

Die Dauer des Trockenvorganges 43
Trockenprobe 43
Aufbewahrung der getrockneten Produkte 43
Verwendung von Trockenobst 44
Verwendung von getrocknetem Gemüse 45
Wie trocknet man was? 46
- Obst und Nüsse 46 ff.
- Gemüse, Hülsenfrüchte, Brennnesseln 48
- Pilze 50
- Kräuter 51

Rezepte Trocknen und Dörren 53 ff.
Fruchtleder herstellen 53
- Quittenbrot
- Quittenleder 53

Verwendung von getrocknetem Obst 54
- Schweizer Birnentorte 54
- Linzer Torte 54
- Fruchtsuppe 55
- Marmelade aus getrockneten Früchten 55
- Rhabarberkompott 56

Verwendung von getrocknetem Gemüse 56
- Gemüsesuppe 56
- Ratatouille 57
- Pilzgulasch 57

Milchsäuregärung 58 ff.
Die gesündeste Konservierungsmethode 59
Alles Wichtige rund um die Milchsäuregärung 60
Der gesundheitliche Wert von milchsaurem Gemüse 61
Was passiert bei der Milchsäuregärung 62
Milchsauer einlegen - so geht`s 63
- Welche Gemüse eignen sich? 63
- Welche Gefäße eignen sich? 64
- Das ist wichtig! 65
- Was kann schiefgehen? 66
- Hilfsmittel für die Milchsäuregärung 67

Rezepte Milchsauer einlegen 68 ff.
Gemüse milchsauer einlegen 68 ff.
- Sauerkraut mit Apfel 68
- Milchsaure Gurken 69
- Milchsaures Allerlei 69
- Milchsaure rote Bete 70
- Milchsaure Möhren 70
- Kimchi 71

Einlegen 72 ff.
Wachstumsbedingungen verschlechtern 72

Einlegen in Essig 74 ff.
Kleine Essigkunde 74
Essig selbst herstellen 75
Säure schützt vor Verderbnis 74
Gemüse und Obst in Essig einlegen 76
Das ist wichtig! 76
Zucker- und Salzzusatz 77

Rezepte Einlegen in Essig 78 ff.
Gewürzessig herstellen 78
- Beerenessig 78
- Zitronenthymianessig 78
- Kräuteressig 79
- Dillessig 79

Gemüse in Essig einlegen 80 ff.
- Gewürzgurken 80
- Zucchinigemüse 81
- Mixed Pickles 81
- Kürbis süß-sauer 82

Verwendung von Essiggemüse 83
- Bauernschmaus 83
- Forellenfilet italienisch 83

Chutneys und Ketchup 84
- Apfelchutney 84
- Zwetschgenchutney 84
- Zwiebelrelish 85
- Tomatenketchup 85

Einlegen in Öl 86
Ohne Sauerstoff kein Bakterienwachstum 86
Das ist wichtig! 86
Getrocknete Kräuter in Öl: Gewürzöle 86
Frische Kräuter in Öl 86

Rezepte Einlegen in Öl 87
Getrocknete Kräuter und Gemüse in Öl 87
- Basilikumöl 87
- Kräuteröl 87
- Provenzalischer Käsetopf 87
- Tomaten in Öl 87

Frische Kräuter und Gemüse in Öl 87
- Pesto 87

Einlegen in Alkohol 88
Rezepte Einlegen in Alkohol 88
Rumtopf 88
Mirabellen in Alkohol 88

Einlegen in Salz 89
Das ist wichtig! 89
Rezepte Einlegen in Salz 89
Kräuter für Soßen und Suppen 89
Suppengrün für Eintöpfe und Suppen 89

Entsaften 90 ff.
Sind Säfte gesund? 91
Saft – und was man darüber wissen sollte 92
Kalt entsaften 93
Die Tuchmethode 93
Handbetriebene Saftpressen, Korbpressen, Mostereien 94
Elektrische Entsafter 94
Kalt gepresste Säfte haltbar machen 95
Den Saft im Topf erhitzen 95
Den Saft in Flaschen erhitzen 95
Mit Wärme entsaften: Dampfentsafter 96
Das ist wichtig! 96
Flaschen vorbereiten 97
Rezepte Entsaften 98 ff.
Dampfentsaften 98 f.
Kirschsaft 98
Rote-Bete-Saft 99
Tomatensaft 99
Vierfruchtsaft 99
Holunderbeersaft 99
Holunderbeer-Apfelsaft 99
Quittensaft 100
Schlehensaft 100
Verwendung von Saft 101
Apfelsaft-Kiwi-Drink 101
Apfelsaft-Grenadine-Cocktail 101
Apfel-Möhren-Drink 101
Apfel spezial 101
Cremiger Fruchtcocktail 101
Aprikosen-Cocktail 101
Teepunsch 102
Schnelle grüne Grütze 102
Obstbowle 103
Holunderbeersuppe 103

Pasteurisieren, Sterilisieren, Einmachen 104
Haltbarmachung durch Hitze 105
Konservieren durch Hitze 106
Pasteurisieren 106
Sterilisieren 106
Heißeinfüllen 106
Rezepte Heißeinfüllen 108 f.
Zwetschgen 108
Omas Apfelkompott 109
Sauerkirschen 109

Einmachen/Einkochen (Sterilisieren) 110
Geräte 110
Einmachen im Backofen 111
Das ist wichtig 112
Vorbereitung von Obst und Gemüse 112
Vorbereitung der Gläser 112
Gläser füllen und verschließen 112
Gläser abkühlen lassen 112
Aufbewahrung von Eingemachtem 112
Rezepte Gemüse einkochen 114 f.
Grüne Bohnen 114
Pilzgemüse 115
Tomatenmark 115

Marmelade, Konfitüre, Gelee 116 ff.
Zuckerreduzierte Marmeladen 116
Das ist wichtig 116
Pflanzliche Geliermittel 118
Roh gerührte Marmeladen 119
Marmeladen aus getrockneten Früchten 119
Gekochte Marmeladen und Gelees 119
Obstmus 119
Rezepte Marmeladen & Co. 120 ff.
Roh gerührte Himbeerkonfitüre 120
Johannisbeergelee mit Himbeeren 120
Stachelbeerkonfitüre mit Minze und Melisse 121
Vierfruchtmarmelade 121
Holunder-Apfel-Gelee 122
Sauerkirsch-Pfirsich-Konfitüre 122
Aprikosenkonfitüre mit Zitronenmelisse 123
Zwetschgenmus 123

Tiefkühlen 124 ff.
Für alles geeignet – Das Tiefgefrieren 125
Konservierung durch Kälte 126
Die Wirkung des Tiefkühlens 126
Lagerdauer 126
Schnell tiefkühlen – langsam auftauen 126
Portionieren 127
Gefäße zum Einfrieren 127
Luft entfernen und beschriften 127
Was eignet sich? 127
Was eignet sich nicht? 127
Tiefgefrieren aus ökologischer Sicht 127

Tabellen

Erntekalender
Obst Buchumschlag vorne
Gemüse Buchumschlag vorne und hinten
Blattsalate Buchumschlag hinten
Lagerfähigkeit von einigen Apfel- und Birnensorten
Dampfentsaftung: Dauer bei verschiedenen Obstsorten 97
Für das Heißeinfüllen geeignete Obstsorten 107
Einkochzeiten Obst und Gemüse 113

Welche Konservierungsmethode passt am besten? 128 ff.
Obst 128
Wildfrüchte 128
Gemüse 130 ff.
Gartenkräuter 134
Wildkräuter 136

Alphabetisches Stichwortregister nach Kapiteln

Lagern
Abstand 15, 31
Apfel 30 f.
Apfelhorde 18
Birne 30 f.
Blattgemüse 14
Dachraum 21
Erdmiete 19
Feuchtigkeit 16
Garage 21
Gemüse 22 ff.
Getreide 34
Haselnüsse 34
Hülsenfrüchte 114
Kartoffelkiste 18, 24
Kartoffeln 14, 18
Kartoffeln 24
Keller mit Betonboden 17
Keller zu trocken 17
Kernobst 14, 18
Kohl 25
Kürbisse 14
Lagertopf 21
Licht 15
Lüftung 16
Mäuseschutz 16, 20
mäusesicheres
Fenster 16
Nüsse 14
Obst 30
Ölfrüchte 114
Quitte 30 f.
Samen 14
Steinguttopf 21
Temperatur 15
Walnüsse 34
Wurzelgemüse 14, 18
Wurzelkeller 17
Zucchini 14

Trocknen
Aufhängen des Trockenguts 40
Brennnesseln 48
Dörrapperat 39
Dörren 38
Dörrgeräte 40
elektrische Dörrgeräte 40
Entsteinen 39
gekaufte Trockenfrüchte 45
Gemüse 48
Gemüsechips 45
getrocknetes Gemüse 45
Gitter zum Trocknen 40
Hülsenfrüchte 48
Kräuter 51
Kräutermischungen 52
Nüsse 46
Obst 46
Pilze 50
Rohkostqualität 38
Roste zum Trocknen 40
Trockengemüse 45
Trockenobst 44
Trockenprobe 43
Trockenvorgang 43
Trocknen 38
Trocknungsdauer 43

Milchsäuregärung
Brottrunk 67
Darmflora 61
Das ist wichtig! 65
Fehler 66
Fermantationsbeschleuniger 67
Fermentieren 60
Gärflüssigkeit 67
Gärtöpfe 64
Gärung 62
Gesundheitswert 61
Hilfsmittel 67
milchsauer einlegen 63
Milchsäurebakterien 61, 64
Milchsäuregärung 60, 62
Molke 67
Rezept 68 ff.
Sauergemüseferment 67
Schraubgläser 65
Skorbut 59
Vitamin-C-Mangelerkrankung 59
Weckgläser 65

Einlegen
Alkohol 88
Das ist wichtig! 76
Das ist wichtig! 86
Das ist wichtig! 89
Essig herstellen 75
Essig 74 ff.
Essigkunde 74
Gärung 76
Gewürzöle 86
In Essig einlegen 76
Kräuter in Öl 86
Öl 86 f.
Probleme 76
Rezepte 78 ff.
Rezepte 89
Rezepte 87
Rezepte 88
Salz 89
Salzzugabe 77
Sauerstoff 86
Schimmel 76
Zuckerzusatz 77

Entsaften
Ballaststoffe 91
Blutzuckerspiegel 92
Dampfentsafter 96, 97
Das ist wichtig! 96
Elektrische Entsafter 94
Flaschen 97
Gemüsesaft 91 ff.
Haltbarmachen 95
kalt entsaften 93 ff.
Korbpressen 94
Mostereien 94
Obstsaft 91 ff.
Pasteurisieren 95
Rezepte 98 ff.
Säfte 91 ff.
Saftpressen 94
Säuglingsernährung 93
Slow Juicer 94
Smoothie 93
Trester 91
Tuchmethode 93
Vitamine 92
Zentrifugalentsafter 94

Pasteurisieren, Sterilisieren, Einmachen
abfüllen 112
abkühlen lassen 112
Agar-Agar 118
Aufbewahrung 112
aus getrockneten Früchten 119
Das ist wichtig! 107
Das ist wichtig! 112
Das ist wichtig! 117
Einfülltrichter 111
Einkochautomat 111
Einkochen 110
Einkochtopf 110
Einkochzeiten 113
Einmachen im Backofen 111
Einmachen 110
Gelee 116, 119
Geliermittel 118 f.
Geräte 110
Heißeinfüllen 106 f.
Hitzeeinwirkung 106
Konfitüre 116
Marmelade 116, 119
Obstmus 119
Pasteurisieren 106
Pektin 118
pflanzliche Geliermittel 118
Rezepte 108 f.
Rezepte 114 f.
Rezepte 120 ff.
roh gerührte Marmeladen 119
Schraubgläser 110
Sterilisieren 106, 110
Unigel 118
Vorbereitung der Gläser 112
Vorbereitung Obst und Gemüse 112
Weckgläser 110
zuckerreduzierte Marmeladen 116

Tiefkühlen
auftauen 126
Eignung 127
einfrieren 126
einfrieren 126 f.
Gefäße 127
Lagerdauer 126
portionieren 127
Tiefgefrieren 125
Tiefkühlkost 125
Wirkung 126

4. Auflage 2022

ISBN 978-3-8094-4308-7

Umschlaggestaltung: Atelier Versen, Bad Aibling
Herstellung: Elke Cramer
Bildredaktion: Sabine Kestler
Projektleitung: Anja Halveland

Bildnachweis: Illustrationen: Bassermann Verlag Archiv
Adobe Stock: 34 (belamy), 36 (nadine333), 48 u. (Nailia Schwarz), 63 (Wolfgang Jargstorff), 74 (Shabbydecor), 124 (Africa Studio), 127 (grey); Bassermann Verlag Archiv: 88, 120, 123 (Ketter&Layher, www.ketterer-layher-foodphoto.de), 93 u. (Karl Newedel); Denk Keramische Werkstätten e.K.: 21 (Fabian Denk); Hawos Körnmühlen GmbH: 35 o. Helmut Rink GmbH: 94 u.; Istockphoto: 4 (FineBokeh), 6 Pflaumen (Andrey Elkin), 40 o. (Dleonis), 44 (gdmoonkiller), 45 (robynmac), 47 (pepifoto), 51 o. (279photo), 61 (Peter Hermes Furian), 65 (Galina Vashchenko), 72 (VankaD), 79 (Chamille White), 82 (Lena Zajchikova), 94 o. (gerenme), 110 (Shaiith); Shutterstock: 35 u. (Nitr); Stockfood: 38 o. (Gräfe&Unzer/Eising Studio), 38 u. (Octopus collection), 40 u. (Dr. Karen Meyer-Rebentisch), 42 (Lee Parish), 53 (Albert Gonzalez), 57 (Jan Wischnewski), 58, 71, 72 o.re. (Great Stock!), 67 (Eising Studio), 70, 103 (Harry Bischof), 72 u.li. (Alain Caste), 72 u.re. (Hans Geel), 76 (Rua Castilho), 77 (Eva Gründemann), 78 (Michael Grant), 90 (Tanja Major), 92 (Ian Garlick), 95, 97 (Emma Wood), 99 (Tanya Zouev), 100 (Barbara Lutterbeck), 102 (Jan-Peter Westermann), 104, 111 (Hans Gerlach), 116 (Julia Hoersch), 118 (2) (Jalag(intophoto); Stöckli AG: 39; Südwest Verlag Archiv: 85, 106, 122 (Maike Jessen)

Satz und Refresh: Nadine Thiel, kreativsatz, Baldham
Reproduktion: Mohn Media Mohndruck GmbH, Gütersloh
Druck und Bindung: Mohn Media Mohndruck GmbH, Gütersloh

Penguin Random House Verlagsgruppe FSC® N001967

Erntekalender ohne Import- und Exportware

	Jan	Feb	Mär	Apr	Mai
ROSENKOHL	✔	✔	✘		
ROTE BETE	✔	✔	✘		
ROTKOHL	✔	✘	✘		
SCHWARZWURZEL	✔	✔	✘	✘	
SELLERIE, KNOLLE	✔	✔	✔		
SELLERIE, STANGE					
SPARGEL					✘
TOMATE					
TOPINAMBUR	✘	✘	✔		
WEISSKOHL	✔	✔	✔		
WIRSING	✘				
ZUCCHINI					
ZUCKERMAIS					
ZWIEBEL	✔	✔	✔	✔	✔

Blattsalate	Jan	Feb	Mär	Apr	Mai
BATAVIA					✘
CHICOREE	✔	✔	✔		
CHINAKOHL					
ENDIVIE (ESKARIOL, FRISÉE)	✘				
EISBERGSALAT					
EICHBLATTSALAT					✘
FELDSALAT	✘	✘	✔	✘	
KOPFSALAT				✘	✔
LATTICH			✔		
LOLLO ROSSO					✘
LÖWENZAHN			✘	✔	✔
MANGOLD				✘	✘
PFLÜCKSALAT					✘
PORTULAK (WINTERPOSTEIN)	✘	✔	✔		
RADICCHIO		✔	✔		
RAUKE				✔	✔
RÖMISCHER SALAT					✘
SPINAT			✔	✔	✔
ZUCKERHUT					